시민의제사전 2022

시민의제사전 2022

민주시민교육원 나락한알 편저

차례

5

새로운 민주시민교육의 토양을…

●

김동규

나락한알은 약 2년여 준비 기간을 거친 후, 2010년 부산민주항쟁기념사업회 부설기관으로 출범하였다. 당시 나락한알은 민주시민교육 관련 R&D(연구와 개발) 사업을 진행하는 것을 주 업무로 삼기로 했다. 그 사업의 결실이 바로 『시민의제사전』을 발간(격년)이었다. 이 일이 어언 10년이 되었다. 2012년 사업에 대한 대강의 계획을 세우고, 연말에 이 계획을 공유하고 검토하는 워크숍을 부산의 산성마을에서 가졌던 기억이 새롭다. 2013년 〈정책학교〉라는 대규모 워크숍을 열었고, 많은 시민이 참여하여 다양한 정책을 냈다. 그 최종 결과가 『시민의제사전 2014』였다. 당시 강연자이자 코디네이터로 참여했던 나는 이 일을 계기로 민주시민교육원 나락한알의 부원장으로 '납치?'되었다. 그 납치 덕에 총 5권의 시민의제사전(『시민의제사전』 2014, 2016, 2018, 2020, 2022) 발간에 깊숙이 개입할 수 있었다.

2014년과 2016년의 의제사전은 부산시의 이슈 전반을 다루었다. 그러나 2018년부터 부산의 시민 사회에 모종의 변화가 일기 시작했는데, 나락한알의 활동과 유사한 활동을 하는 시민단체들이 생겨나기 시작했던 것이다. 이런 변화가 전부 나락한알의 영향이라면 좋겠지만, 실은 지역에서 지역의 이슈를 발굴하고 공유하려는 의지가 부산 시민사회 저변에 흐르던 복류伏流였기에 가능했다. 이 흐름을 읽고 나서 나락한알은 2018년부터 지역의 특수한 이슈를 선택하고, 여기에 집중해서 의제를 생산하기로 전략을 바꾸었다.

2018년에는 탈핵 문제 그리고 이와 연관된 해수담수의 문제가 꽤 뜨거웠기에, 『시민의제사전 2018』의 주제는 〈물과 원전〉으로 선정되었다. 물과 원전을 주제로 한 의제는 이번에 출간된 『시민의제사전 2022』의 세균실험실 문제와 체계적으로 연결되어 있다. 2018년 숙의 민주주의를 흉내 내며 민주주의를 오염시킨 데 이어, 세균실험실 문제는 시민의 의지와 참여를 노골적으로 무시한 대표적 사건이다.[1] 비적정−거대기술이 예측할 수 없는 위험risk을 안고 있으며, 이 위험은 대규모 재앙으로 번질 수 있기에, 그 설치와 운영은 매우 신중을 기해야 한다. 그 대표적인 것 중의 하나가 원전(핵) 문제이고, 다른 하나가 세균실험(생화학무기 실험)이다. 부산은 서울에서 멀다는 이유로 이 두 가지 위험을 모두 갖춘 위험 도시가 되었다. 이런 문제는 한편으로 지방의 자치와 분권적 역량에 심각한 위해를 가한다는 점에서, 지역의 민주적 토양을 훼손하는 권위적이고 중앙집권적 폭력이다. 다른 한편으로 지역 시민의 주권을 박탈하고 시민의 생명권을 위협하는 글로벌 폭력이기도 하다.

---

1. 현재 20만 명에 육박하는 시민이 실험실 반대 청원을 했음에도 부산시는 갑질 발언을 일삼고, 추진위를 고발까지 한 상태다.

이어서 『시민의제사전 2020』에서는 부산시 문화 정책을 의제로 녹여냈다. 부산은 문화 불모지라는 오명을 스스로 덧씌울 정도로 문화에 대한 제도-재정적 지원이 형편없다. 그럼에도 불구하고 부산에는 문화 불모지라고 말하기 무색할 정도로 많은 문화-예술 인력과 자원들 그리고 기획이 있다. 인적 인프라는 많은데, 이들을 지원할 제도-재정 인프라가 없다는 것은 결국 이 인력들이 지역을 떠난다는 말로 자연스레 귀결된다. 실제로 역대 대선 후보들의 10대 공략을 살펴봐도, 문화 의제가 없다. 대부분 경제문제와 관련된 의제로 점철되어 있는 게 현실이다. 다행히 최근 지자체장 선거나 국회의원 선거에서 문화 의제가 정책으로 제시되고 있다는 점은 고무적인 일이다.

　2018년 의제사전부터 의도치 않은 변화가 하나 더 있었다. 이슈에 집중하며 의제를 생산하다 보니, 지역의 전문 인력과 시민단체와의 연대가 자연스레 강화되었던 것이다. 그 사이 나는 원장이 되어 나락한알에 더 깊숙이 발을 들여놓게 되었다. 개인적으로 제도권 대학과 시민사회라는 현장에 가교를 놓으며 연구와 활동을 이어나가다 보니, 아예 나 자신을 연구활동가로 규정하기로 했다. 이런 상황에서, 현장 활동가들의 관심을 좀 더 전문화할 수 있는 계기를 만들어보고 싶은 욕심이 더 생겼다. 2018년 의제사전 발간부터 이런 욕심이 조금씩 싹트기 시작하더니, 2022년 의제사전의 출간을 준비하면서 아예 확신으로 변했다. 차별금지를 의제 추출의 주제로 삼은 이유도 이 때문이다.

　이 책에 수록된 주장들은 장애, 이주, 젠더 차별 금지를 주제로 하고 있다. 2018년~2020년 의제사전보다는 지역 활동가의 참여 강도가 더 높고, 시민들의 참여도도 높았다. 지역 시민단체와의 연대를 강화하기 위해 장애 의제는 '장애인권익옹호센터'와, 이주민 의제는 '이주민과함께'와 그리고 젠더 의제는 '여성단체연합', '여성사회교육원', '젠더와 섹슈얼리티 연구소'의 힘을 빌렸다. 이 단체들과는 차별금지 영상을 촬영하면서 의제사전 출간을 넘어서 유기적 협력관계를 구축할 수 있었다. 앞서 언급했듯, 세균실험실 의제는 '감만동 8부두 미군부대 세균무기실험실 철거를 위한 남구지역 대책위원회'의 힘을 빌렸다. 부산을 바꾸는 성평등 정책 공약집은 부산여성단체 연합의 힘을 빌렸다. 그리고 민주시민교육원 나락한알이 2020년과 2021년 동구 어린이 청소년 의회를 이끌어오면서 생산했던 의제 역시 여기 담겨 있다.

　시민단체들 간의 연대도 강화하면서 차별금지 이슈에 시민들이 참여하는 강도를 높이는 방법은 민주적 과정의 주요 부분을 차지한다. 이 과정을 좀 더 원활히 하고자 시민이 즐겁게 개입할 수 있는 환경을 만들고자 했다. 시민들이 발언할 수 있는 기회와 생각을 공유할 수 있는 기회를 높였고, 그 공유과정이 성과물로 나올 수 있도록 했다. 제일 먼저 차별금지를 주제로 한 사전 강좌를 8주 진행했고, 이어서 세 가지 주제별 심화 강좌를 각각 4주로 해서 총 12주 강의를 진행했다. 총 20주의 강좌가 진행된 셈이다.

　그 과정에서 진행된 강의를 요약하여 대중의 접근성을 높인 차별금지 영상을 콘텐츠로 제작했고, 시민의 참여로 차별금지 보드게임도 개발, 제작했다. 민주시민교육원 나락한알에서 생산한 콘텐츠들 간의 유기적 결합도를 높였다.[2] 이 모든 것이 나락한알의 한 해 성과를 공유하는 축제로 수렴되었다. 물론 공유 축제 역시 시민 참여로 이루어졌다. 차별 금지 의제 생산과, 수업, 그리고 보드게임 개발에 참여했던 시민들을 다시 초청했고, 그중 일부는 아예 공유 축제를 기획하는 모임에 가담할 수 있도록 했다.

시민을 대상으로 한 강좌에 호흡을 길게 가져가려면 가장 편한 방법이 유명 인사들을 초청하여 강의 잔치를 벌이는 것이다. 그러나 이런 잔치에 초대된 관객은 완전히 '객'으로 전락한다. 이는 자기 결정의 민주성과 무관한 비민주적 잔치인 셈이다. 그렇다면 민주적 잔치는 달라야 하는데, 이번 잔치에는 시민들이 배우고, 기획하여, 아이디어를 내던 과정이 녹아있고, 실제로 자신의 의견을 관철시켜 이를 콘텐츠와 축제로 형상화시키는 과정도 모두 녹아 있다. 스스로 만든 축제에 모두가 주인공으로 참여했던 것이다. 이러한 성과는 또 다른 생산적 고민을 안겨주었다.

최근 시민단체들이 다양하고 의미 있는 지역의 지표들을 많이 생산하고 있다. 이런 단체들이 뭉쳐 민주시민교육 네트워크도 결성했다. 이에 부응하듯, 부산광역시와 교육청은 민주시민교육조례를 통과시켰고, 구별 민주시민교육 조례도 제정했다. 물론 반대에 부딪혀 난항을 겪기도 했다. 이런 분위기에 편승하여 나락한알은 앞으로 더 많은 시민단체와 연대할 것이고, 이 동력을 동아시아 민주시민교육과 연대로 확장하고자 한다.

부산은 실로 (지역–국가–동아시아–지구적) 중층적 장소성에 기

---

1. 영상콘텐츠와 보드게임과 관련한 내용은 narak.kr과 나락한알 유튜브 계정에서 확인할 수 있다.

반을 두는 민주주의를 기획할 수 있는 다양한 역량을 확보하고 있다. 이런 상황 이해 역시 민주시민교육원 나락한알이 지역의 활동가들의 연구역량을 증대하여 연구자이자 활동가 그리고 좀 더 체계적인 매개자를 발굴해야 했다는 비전을 갖는데 도움을 주었다. 이 과정을 통해 나락한알은 지역의 대학을 비롯, 각종 제도권 학교와 비제도권 교육기관 그리고 시민사회를 유기적으로 결합한 민주시민교육과정을 만들어보고 싶다. 지역이 국가와 동아시아를 넘어 지구를 품는 연고적 세계시민rooted cosmopolitan의 민주주의를 만들어낼 수 있을 것이다. 아마 나락한알 다음 10년의 『의제사전』은 이런 비전을 관철시키며 새로운 민주시민교육의 토양을 가꾸는 것일 테다. 이 일을 감히 상상하며 나락한알 지난 10년의 의제사전의 발자취를 마무리한다.

I

이주민을 차별하지 맙시다

설문지 해석 및 의제 작성 : **이석환**(이주민과 함께)

설문지 작성자 : **김경석, 김현우, 이도향, 정우경**

1. 조사 배경

100명이 모이면 그중 4명은 이주민이다. 2021년 8월 현재, 국내 체류외국인은 197만여 명으로 주민등록인구 대비 4%를 차지하고 있으며[1], 부산시 거주 이주민(외국인 주민)도 77,000여 명으로 전체 부산시민의 3.5%로 해마다 꾸준히 증가하고 있다.[2] 한국에 거주하고 있는 이주민들 중 아시아 출신이 약 88%이상이며, 그 중 동포를 포함한 중국출신 이주민이 약 44%로 가장 높고 그 뒤로 베트남 10.4%, 태국 8.9% 등이 높다.

한국에 거주하고 있는 이주민 중 42.1% 노동자다. 이주민들은 제조업, 농업, 축산업, 선원, 양식업, 돌봄을 포함한 각종 서비스업에 종사하고 있다. 이주민들은 한국 사회가 필요로 하는 다양한 노동을 하며, 한국 사회에 기여를 하고 있음에도 불구하고 차별을 당하고 있다. 체류, 임금체불, 사업장 이동제한, 낮은 임금과 강도 높은 노동, 열악한 주거 환경, 사업주에 종속적인 위치, 의사소통과 언어 등 행정과 정책의 제도적 차별을 당하고 있다. 이주노동자들은 한 인간으로서 또 노동자로서 권리를 보장받지 못한 채 관리의 대상으로만 여겨지고 있다.

최근 한국 사회는 양극화, 빈부격차, 계급화 등을 배경으로 한 차별과 혐오가 일상 전반에 드러나기 시작했다. 특히 차별과 혐오는 사회적 약자인 이주민들을 표적으로 삼았다. 한국에 거주 중인 대부분

---

1. 법무부, 〈출입국 외국인정책 통계 월보〉
2. 행정안전부, 〈지방자치단체 외국인주민 현황〉

의 이주민이 아시아 출신임에도 한국 사회에서는 아시아에 대한 혐오와 차별은 날이 갈수록 증가하고 있다. 2018년 전만 해도, 차별과 혐오는 있었지만 그러한 표현들은 온라인에서 주로 등장했다. 하지만 2018년 예멘 난민 입국 반대, 코로나 19로 인한 재난 상황에서 사회적 약자 배제, 최근 대구 이슬람 사원 반대까지 차별과 혐오가 일상에서 모습을 드러내기 시작했으며, 이주민들은 심리적·물리적으로 차별과 혐오를 겪고 있다. 뿐만 아니라 노골적으로 드러난 차별과 혐오가 일반 시민들에게 차별에 대한 동의를 부추기고 문제를 확산, 악화시키는 요인으로 작용하고 있는 것은 아닌지 우려된다.

이러한 사회 변화 속에서 민주시민교육원 나락한알에서 출간하는 『시민의제사전 2022』에서는 부산 지역 사회의 차별과 시민들의 감수성 정도를 파악하고 분석해보고자 이주민 차별 금지 수업을 진행했고, 수업을 수강한 학생들과 함께 설문지를 만들었으며, 그 설문지로 '이주민차별인지감수성 설문조사'를 진행했다. 이번 조사는 온라인 설문으로 부산시민 173명이 참여했고, 조사기간은 2021년 9월 8일부터 30일까지였다. 주요 내용으로는 이주민에 대한 차별 인지 감수성을 파악하기 위해 이주민에 대한 인식, 차별에 대한 감수성, 사회적 기여도, 사회 복지 여부, 위험 정도, 인종차별, 난민 수용 여부 등을 조사했다. 또한 이번 조사는 내 생각뿐만 아니라, 주변 사람들의 인식에 대해서도 응답함으로써 사회 전반에 퍼진 차별의 정도를 객관적으로 파악하려 했다.

이주가 일상이 된 시대에 살고 있다. 우리가 향유하는 의식주 모두에 이주노동자, 이주민들의 손길이 닿지 않은 것이 없다. 우리는 이주민들과 상호 의존하고 있으며 서로 연결되어 있지만 이주민들에 대한 차별, 편견, 혐오는 여전하다. 이번 '이주민차별인지감수성 설문조사'에 기반을 둔 시민의제가 진정한 민주주의의 성지 부산을 만드는데 도움이 되기를 바란다.

2. 설문 결과 및 분석

총 21문항으로 구성된 이번 설문조사는 온라인으로 진행했고 173명이 응답했다. 응답자들은 건너뛰는 문항 없이 모든 문항에 응답했으며, 아울러 '보통', '잘 모르겠음' 등의 항목을 두지 않아, 응답자의 애매한 입장을 최대한 피하고 적극적으로 의견을 표명할 수 있도록 했다. 응답자가 많지는 않지만, 성별 분포나 연령별 분포가 고르게 되어, 다양한 계층의 다양한 의견을 수집할 수는 있었다.

이주민 차별에 대한 인지 감수성에 관한 대표적인 설문조사는 3년마다 진행되고 있는 〈국민 다문화 수용성 조사〉다. 또한 2018년에는 부산의 문화다양성에 대해 조사한 〈2019 부산문화다양성 실태조사〉가 있다. 이번 설문조사와 두 설문조사를 비교 검토하여, 이 글은 이주민 차별 실태에 대한 해석의 객관성을 높임과 동시에, 2018년부터 2021년까지 3년간 한국사회의 인식 변화도 살펴보고자 했다.

1) 응답자 특성
'이주민차별인지감수성 설문조사' 완료 후 회수된 173명의 응답자

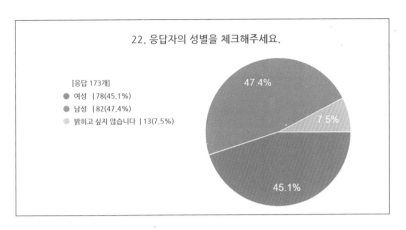

22. 응답자의 성별을 체크해주세요.

[응답 173개]
● 여성 | 78(45.1%)
● 남성 | 82(47.4%)
● 밝히고 싶지 않습니다 | 13(7.5%)

47.4%

7.5%

45.1%

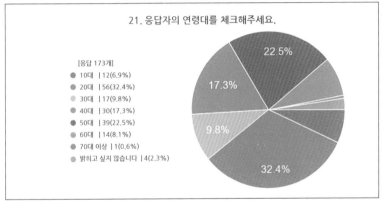

21. 응답자의 연령대를 체크해주세요.

[응답 173개]
● 10대 | 12(6.9%)
● 20대 | 56(32.4%)
● 30대 | 17(9.8%)
● 40대 | 30(17.3%)
● 50대 | 39(22.5%)
● 60대 | 14(8.1%)
● 70대 이상 | 1(0.6%)
● 밝히고 싶지 않습니다 | 4(2.3%)

22.5%

17.3%

9.8%

32.4%

의 성별을 살펴보면 남성이 82명(47.4%)으로 여성 78명(45.1%)보다 조금 많았고, 성별을 밝히지 않은 응답자도 13명(7.5%)이었다. 연령별로 살펴보면 10대 12명(6.9%), 20대 56명(32.4%), 30대 17명(9.8%), 40대 30명(17.3%), 50대 39명(22.5%), 60대 14명(8.1%) 70대 이상 1명(0.6%), 밝히지 않은 경우가 4명(2.3%)으로 20대가 가장 많았고 다음으로 50대 40대 순으로 응답자가 많았다.

〈국민 다문화 수용성 조사〉의 결과를 살펴보면, 주로 여성이 남성에 비해 차별 감수성이 소폭 낮았다. 연령별로 보면 성인의 경우 나이가 많을수록 감수성은 낮아지지만 차이가 크지 않았다. 하지만 10대 청소년은 성인에 비해 감수성이 무려 25% 이상 높아 그 차이가 매우 컸다. 이번 조사에서는 연령과 성별로 나눠 분석하기에는 응답자 수가 많지 않아 따로 분석하지 않은 것은 한계이지만 적은 응답자 수임에도 불구하고 응답자의 연령과 성별이 고루 분포되어 있어 한계를 보완하고 있다.

2) 이주민과의 관계 경험
① 내 가족이나 친지 중 이주민이 있나요?

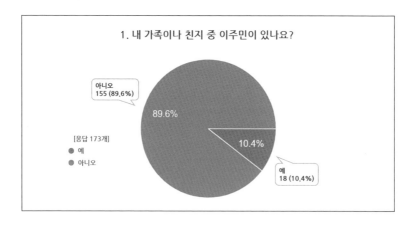

가족이나 친지 중 이주민이 없다는 응답자는 155명(89.6%)으로 있다는 응답자는 18명(10.4%)에 비해 없다는 응답자가 많았다. 〈2018년 전국 다문화 수용성 조사〉에서는 이주민과 가족이나 친척과 관계를 맺고 있다는 응답자 5.8%에 비해서도 2배가량 높았다. 이주민과

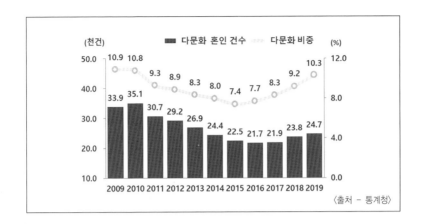

〈출처 - 통계청〉

새롭게 가족관계를 맺는 사람들은 지속적으로 증가하고 있다. 지난 3년간 결혼 이주여성은 매년 20,560명이 증가했으며(통계청, 국제결혼 통계 2018~2020), 이로 인해 가족이나 친척과 관계를 맺는 사람들이 늘고 있는 것으로 분석된다. 현재 한국에 거주 중인 결혼이주여성은 359,610명(국적 미취득자 173,882명, 국적 취득자 185,728명)[3]으로 한국 인구의 약 0.7%를 차지한다. 부산의 경우 13,255명으로 전체 인구의 약 0.39%를 차지한다.

1992년부터 증가하기 시작한 국제결혼은 2010년대 이후에나 줄어들기 시작했다. 2010년 이후 지속적으로 줄어들다가 2017년부터 증가하기 시작했는데, 증가한 건수는 많지 않지만 전체 혼인 건수가 줄어들어 그 상승폭이 이전보다 상대적으로 크다. 이미 많은 사람들이 이주민과 가족관계를 맺고 있고, 국제결혼도 다시 증가하고 있어 앞으로도 가족이나 친지 중 이주민과 관계를 맺는 이들은 증가할 것으로 보인다.

---

3. 행정안전부, 2019 지방자치단체 외국인주민 현황

② 나는 이주민들과 대면 또는 비대면으로 접촉하는 횟수가 얼마나 되나요?

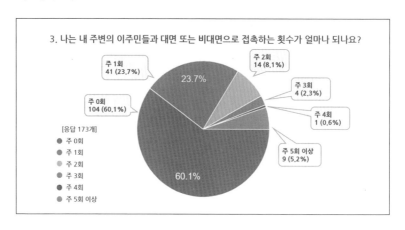

응답자 중 이주민을 일주일 동안 단 한 번도 못 만났다고 응답한 비율이 60.1%(104명)로 무려 절반 이상이 만나지 못했다고 응답했다. 이주민을 주 1회 만났다는 응답도 23.7%(41명)로 높았고, 주 2회 이상 만났다는 응답도 16.2%(28명)이었다. 부산 시민들은 이주민을 접촉한 빈도가 매우 낮은 것으로 조사되었는데 부산 시민 대상으로 조사한 〈2018 부산 문화 다양성 실태조사〉에서도 비슷한 결과가 나왔다. '소수집단 접촉 빈도' 설문 결과 이주노동자를 한 번도 만나본 적이 없는 비율이 21%, 결혼이주여성 36%, 외국인 유학생 42%, 난민 87%로 이번 설문과 비슷하게 접촉 빈도가 낮았다. 오히려 3년 전의 조사보다 이주민과 접촉 빈도가 더 낮았다.

부산 시민들의 이주민 접촉 빈도는 전국 조사에 비해 매우 낮은 수치를 보여준다. 전국 조사인 〈2018 국민 다문화 수용성 조사〉 '길거리 등에서 외국인, 외국 이주민 접촉 빈도'의 결과 자주 본다는 응답

49.3%에 비해서 매우 낮은 수치다. 부산의 경우 전국 평균(4%)에 비해 인구 대비 이주민 거주 비율(2.3%)[4]이 낮은 영향도 있을 수 있고, 이주민의 출신 국가의 90%가 아시아 출신이기 때문에 외모로 구분되지 않아 접촉했음에도 인지하지 못했을 가능성도 있다. 그럼에도 불구하고 전국 조사에 비해 부산 조사가 유독 낮은 이유는 부산 지역에서 이주민들이 사회문화적으로 소외되어 있는 것은 아닐까 하는 우려로 해석된다.

3) 이주민 수용에 대한 인식 수준
①부산에 이주민이 많이 살고 있다고 생각하나요?

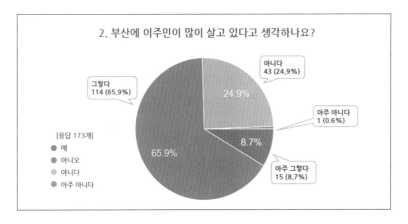

부산에 이주민이 많이 살고 있는 것 같다고 응답한 비율은 74.6%(129명)으로 매우 높았다. 응답자들은 주로 언론보도나 SNS를 통해 이주민이 많다고 생각하고 있는 것으로 추측된다. 〈2018 다문화 수용성 조사〉에서도 '이주민 적정 규모'에 대한 문항에서는 더 늘어야

---

4. 행정안전부, 2019 지방자치단체 외국인주민 현황

한다는 응답은 7.9%로 낮았으며, 현재 수준이 적당하다는 응답은 68.5% 그리고 줄어야 한다는 응답은 23.5%로 높았다.

현재 한국 사회에서 '이주민이 많다'는 기준에 대한 사회적 합의가 없는데, 단순히 '취업난', '일자리 갈등', '다문화 가정 증가' 등 왜곡된 언론 보도 혹은 개개인의 감정적인 기준이 되어서는 안 된다. 단순히 인구 대비 이주민의 비율을 기준으로 많다고 할 것인지, 노동력 필요 혹은 일자리 대비 이주민의 비율을 기준으로 많다고 할 것인지, 경제 지표 대비 이주민 비율을 기준으로 많다고 할 것인지 등 사회적 합의 기준을 설정해야 한다.

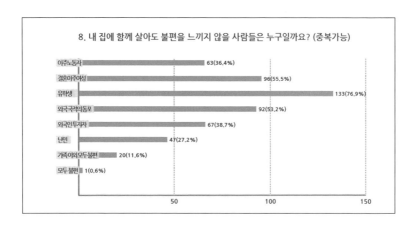

8. 내 집에 함께 살아도 불편을 느끼지 않을 사람들은 누구일까요? (중복가능)

이주노동자	63(36.4%)
결혼이주여성	96(55.5%)
유학생	133(76.9%)
외국국적동포	92(53.2%)
외국인투자자	67(38.7%)
난민	47(27.2%)
가족이외모두불편	20(11.6%)
모두 불편	1(0.6%)

② 내 집에 함께 살아도 불편을 느끼지 않을 사람들은 누구일까요?(중복 가능)

응답자들은 유학생 76.9%을 가장 불편하지 않게 느꼈고 다음으로는 결혼이주여성 55.5%와 외국국적의 동포 53.2% 순이었다. 외국인 투자자에 대한 불편 정도는 38.7%로 이주노동자 36.4%보다 높았다.

난민은 가장 낮은 27.2%였다. 이번 실태조사의 이주민 수용에 대한 응답은 〈2018 부산문화다양성 실태조사〉의 결과 유학생(49%) - 결혼이주민(42%) - 노동자(29%) - 난민(11%)와 동일하다. 뿐만 아니라 〈2018 다문화수용성 조사〉에서도 나의 친척과 결혼하는 것에 반대한 응답은 29.6%, 우리나라에 들어와 사는 것도 좋지 않다는 응답도 15.6%였다.

응답자들은 이주노동자에 비해 유학생에 대해선 2배 이상 수용적이었고, 뿐만 아니라 노동자보다 투자자에도 우호적이었다. 이는 이주민의 경제적 배경에 따른 인식 차이로 해석할 수 있다. 응답자들의 이런 성향을 다른 조사와 비교해보면, 유학생의 경우 모국에서 '부유한 가정의 자녀'로 환영하는 태도를 보이는 반면, 노동자들은 '돈을 벌러 온 가난한 나라의 젊은이' 그리고 이주여성들은 '가난한 나라에서 시집 온 여성'이라는 인식이 기저에 있다고 추측할 수 있다. 이를 통해 일반 시민들의 이주민에 대한 인식이 여전히 배타적이고, 이주민의 경제적 상황, 출신 국가 및 배경에 따라 이중적인 인식을 보이고 있다고 해석할 수 있다.

③ 이주민이 내 이웃이어도 괜찮은가요?

이주민이 내 이웃이어도 괜찮다고 한 응답은 93.1%(161명)으로 아니라고 응답한 6.9%(12명) 보다 긍정적인 결과가 나왔다. 〈2018 다문화 수용성 조사〉에서는 '이주민이 나의 이웃이 되는 것'에 대해 18.2%가 긍정적인 응답을 했다. '이웃으로 삼고 싶지 않은 사람'에 대한 설문도 있었는데, 다른 인종인 사람은 25.9%, 이주노동자/결혼이주민

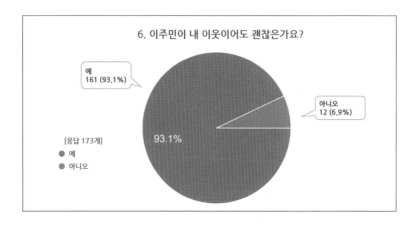

29.5%가 이웃으로 삼고 싶지 않다고 응답했다. 3년 전 전국 조사에 비해 본 설문조사에서 '이웃'에 대해서는 사람들의 인식이 긍정적으로 바뀌었음을 확인할 수 있었다.

'내 집에 함께 살아도 불편을 느끼지 않을'이라는 응답에서는 이주민의 출신지가 어디인지에 따라 응답 결과의 차이가 컸다. 대답도 전체적으로도 부정적이었는데, 다소 거리감이 있는 '이웃'이라는 질문에는 긍정적으로 답변을 했다. 이러한 응답은 응답자들은 한국 사회에 이주민이 거주하는 것까지는 괜찮지만, 좀 더 밀접한 관계까지는 원하지 않는 경향이 있다고 해석할 수 있다.

④ 한국은 난민 인정 비율이 1.1%입니다. 난민을 더 받아도 괜찮을까요?

응답자 중 63.6%(110명)가 난민을 더 받아도 괜찮다고 응답했으며, 36.4%(63명)은 더 받으면 안 된다고 응답했다. 난민에 대한 이번 설문의 응답 결과는 〈2018 다문화 수용성 조사〉 난민 수용 반대

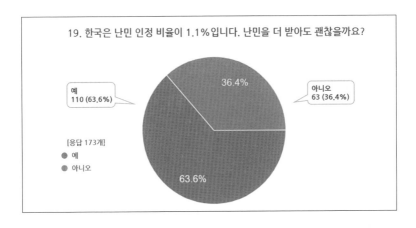

75.5%에 비해 매우 긍정적으로 나타났다. 이러한 긍정적인 결과는 예멘 난민 입국 이후 전쟁에 대한 참상과 배경에 대한 객관적인 보도가 나오고 있고, 사람들의 난민에 대한 인식이 개선되고 있기 때문으로 추측된다. 또한 전국 조사와 부산 지역 조사의 차이는 난민이 부산에 거주하는 비율이 굉장히 낮아 실질적으로 난민에 대한 관심이 낮고, 난민 반대 집회 등 보수적인 시민단체의 활동이 주로 수도권에서 이루어진 결과로도 보인다.

'내 집에 함께 살아도 불편을 느끼지 않을 사람들은?'이란 설문에서 난민은 27.2%로 결과가 나타났는데, 이에 반해 난민 인정에 대해서는 좀 더 포용적인 결과가 나왔다. 이 결과에 따르면 부산 사람들은 난민이 거주하는 것을 받아들일 수는 있으나, 난민이 내 이웃이나 지역사회의 일원이 되는 것은 부정적으로 생각하는 이중적인 태도를 보이고 있다. 이러한 이중적 인식은 난민에 대한 자극적이고 차별적인 언론 보도, 제주 난민 입국과 관련한 일련의 사태, 그리고 이슬람에 대한 혐오와 차별 등에서 발생한다고 보인다.

⑤ 내가 사는 동네에 종교 시설이 들어설 때 반대하는 종교가 있나요?(중복 가능)

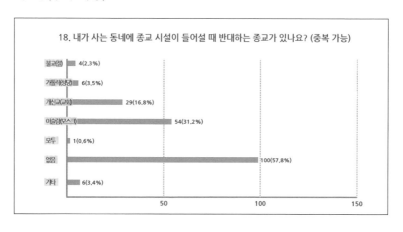

응답 결과 '없다'라고 응답한 비율이 57.8%(100명)으로 가장 많았다. 하지만 반대하는 종교가 있는 경우 이슬람(모스크)이 31.2%(54명)로 가장 높았으며, 개신교(교회) 16.8%(29명) – 가톨릭(성당) 3.5%(6명) – 불교(절) 2.3%(4명) 순이었다. 시민들의 이슬람에 대한 거부 정도는 다른 종교에 비해 압도적으로 높은 수치를 나타내고 있다. 〈2018 국민 다문화 수용성 조사〉 '다른 인종, 종교, 문화를 가진 사람'들을 받아들이기 어렵다는 응답은 13.2%, '이주민들은 전통이나 생활습관을 버려야 한다.'는 응답은 34.8%에 비해서는 긍정적인 결과가 나왔지만, 이주민들의 종교와 문화에 대해서 거부하는 경향이 여전히 높아 우려된다.

한국이슬람교중앙회에 따르면 2018년 기준 한국에서 이슬람 종교를 믿는 '한국인 무슬림'은 약 6만 명, 무슬림 이주민까지 합치면 26만 명으로 추산돼 인구 대비 0.4%를 차지한다. 한국 사회에서 노동을 목적으로 한 이주민, 재난과 기후로 인한 난민은 지속적으로 증가할 것이며, 이슬람 종교를 믿는 이주민들 역시 증가할 것으로 예측된다. 전국에 이슬람 사원은 16개와 작은 규모의 성원인 '무쌀라'는 약 80여 개가 있다고 보고되고 있는데, 이슬람 종교를 믿는 사람에 비해 그 수가 매우 적다. 대구 경북대 유학생들의 사원 건설과 지역 주민 간의 갈등이 최근 이슈가 되고 있다. 앞으로도 이슬람 사원이 지금보다 늘어날 것으로 추측되지만, 대구 같은 갈등이 반복될 것도 우려된다.

4) 보편적 권리에 대한 인식 수준

① 내가 생각하기에 부산에서 이주민이 차별받고 있다고 생각하나요?

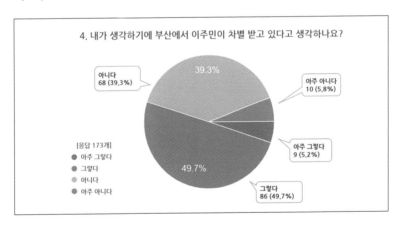

4. 내가 생각하기에 부산에서 이주민이 차별 받고 있다고 생각하나요?

아니다
68 (39.3%)

39.3%

아주 아니다
10 (5.8%)

아주 그렇다
9 (5.2%)

[응답 173개]
● 아주 그렇다
● 그렇다
● 아니다
● 아주 아니다

49.7%

그렇다
86 (49.7%)

이주민이 차별받고 있다고 생각한 응답자는 54.9%(93명)으로 아니라고 생각한 응답자 45.1%(78명) 보다 차별받고 있다고 생각한 응답자들이 소폭 많았다. 이는 〈2018 부산 문화다양성 조사〉의 '소수자 권리와 이익이 충분히 보장'된다는 응답 13%, '사회문화적으로 다르다고 해서 차별받지 않는다'는 응답 18%보다 높은 수준으로 차별을 받고 있지 않다는 결과가 나온 것이다. 현재 한국 사회에서 이주민들은 고용허가제, 체류 및 의료 등 다양한 영역에서 차별을 겪고 있음에도 시민들의 차별에 대한 인식 수준은 높지 않았다.

오히려 시간이 지날수록 차별에 대한 인지 감수성이 낮아진 것은 아닌지 우려된다. 이러한 응답은 첫째, 응답자들은 이미 이주민과 접촉하는 빈도가 매우 낮았다고 응답한 것과 연관되어 보인다. 이주민 당사자들과 만난 경험이 없어, 실제 이주민들의 일상과 생활에 대한 이해가 부족한 것으로 추측된다. 둘째, 이주민들은 제도적인 차별을 겪고 있는데 이는 일반 시민들이 잘 알지 못하기 때문으로 해석된다. 고용허가제, 노동법, 건강보험, 체류 등 한국 국적자라면 자신의 일상과 거리가 멀고 흔히 인지하지도 못하는 내용이기 때문이다.

② 출신국이나 피부색에 따라 내 행동이 달라지나요?

이주민의 출신 국가나 피부색에 따라 행동이 달라진다는 응답은

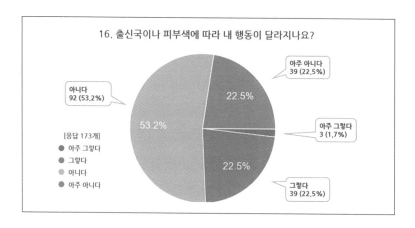

16. 출신국이나 피부색에 따라 내 행동이 달라지나요?

아주 아니다
39 (22.5%)

아니다
92 (53.2%)

22.5%

아주 그렇다
3 (1.7%)

[응답 173개]
● 아주 그렇다
● 그렇다
● 아니다
● 아주 아니다

53.2%

22.5%

그렇다
39 (22.5%)

24.2%(42명)으로 아니라는 응답 75.7%(131명)에 비해 낮았다. 이번 설문 문항은 여타 설문조사에서 진행한 적이 없는 문항이어서 다른 조사와 비교할 문항을 찾을 수 없었다. 이러한 응답 결과를 유추해보면, 한국 사회에서 '차별은 나쁜 행동'이며, 해서는 안 된다는 사회적 인식이 높아진 결과로 해석된다.

③ 이주민도 최저임금과 건강보험이 보장되어야 하나요?

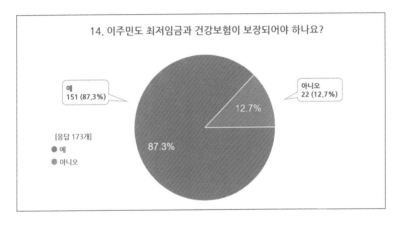

이주민도 최저임금과 건강보험이 보장되어야 한다고 한 응답은 87.3%(151명)으로 아니라는 응답 12.7%(22명) 보다 높은 수준으로 그렇다는 응답 결과가 나왔다. 〈2018 국민 다문화 수용성 조사〉에서도 '이주노동자에게 같은 노동법적 권리'에 대해서 53.9%가 동의했다. 사회적으로 합의된 보편적 권리기준을 모든 사람이 보장받는 것에 대한 동의가 높았고, 2018년 조사 이후에도 이러한 사회적 인식이 지속적으로 높아지고 있는 것으로 보인다.

이주민은 '차별받고 있지 않다'는 응답이 45%였는데 반해 최저임금과 건강보험에 대한 동의 정도는 87%로 높아 상반된 결과를 보여준다. 이러한 결과는 차별적으로 적용받고 있는 노동법과 건강보험의 현재 수준이 적당하다고 인식하고 있는 것은 아닌지 우려스럽다. 하지만 응답자들은 이주민 수용 인식 문항에 비해 보편적 권리 문항에 대한 동의가 훨씬 높았다. 이러한 결과는 이주민을 적극적으로 수용하는 것에는 부정적인 입장이지만, 한국에 거주하는 이주민에 대해서는 원칙상 보편적 권리가 주어져야 한다는 생각을 갖고 있다고 긍정적으로 해석할 수도 있다.

5) 전반적인 이주민에 대한 인식 수준
① 이주민이 늘어나서 한국 경제에 보탬이 되었다고 생각하나요?

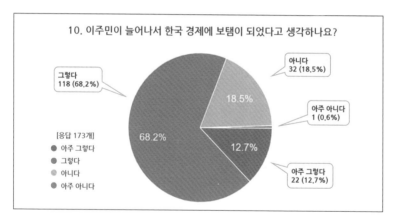

이주민이 한국 경제에 보탬이 되었다고 생각한 응답자는 80.9%(140명)으로 아니라고 생각한 응답자 19.1%(33명) 보다 높은 수준으로 긍정적인 결과가 나왔다. 이러한 응답은 〈2018 국민 다문화 수용성 조사〉의 이주민이 있어 '살기 더 좋아졌다'는 응답 7%, '기여

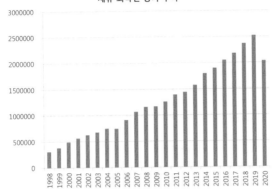

체류 외국인 증가 추이

〈출처 - 법무부〉

국내 총생산과 1인당 국민 총소득 변화

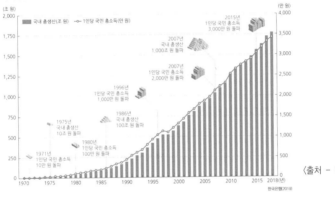

〈출처 - 한국은행〉

하는 것보다 가져가는 것이 더 많다'는 응답 33.9%보다 긍정적으로 도출되었다.

　한국에 이주노동자는 88년 서울 올림픽을 기점으로 본격 유입되기 시작했는데 이는 한국의 가파른 경제발전 속도와 관련이 크다. 88년부터 이주민 증가 추이와 경제발전을 비교해보면, 두 그래프의 증가폭과 속도는 비슷한 추이를 나타낸다. 이주노동자들의 노동력을 기반으로 한국 사회는 지속적인 발전이 가능했다. 뿐만 아니라 한국 사회에서 이주민들은 소득세, 부가세, 건강보험료 등 다양한 세금을 납부하고 있으며 이는 한국 재정에 긍정적인 영향을 주고 있다. 이러한 사실을 응답자들은 긍정적으로 이해하고 있다고 볼 수 있다.

② 위국인은 위험하다고 생각하나요?

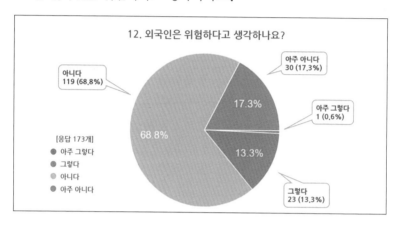

12. 외국인은 위험하다고 생각하나요?

아니다 119 (68.8%)
아주 아니다 30 (17.3%)
아주 그렇다 1 (0.6%)
그렇다 23 (13.3%)

17.3%
68.8%
13.3%

[응답 173개]
● 아주 그렇다
● 그렇다
● 아니다
● 아주 아니다

>>> [표 2-4-8] 범죄유형별 내·외국인의 인구 10만명당 검거인원지수 비교(거주 외국인 인구추정치 기준)

연도 범죄유형	2014		2015		2016		2017		2018	
	내국인	외국인	내국인	외국인	내국인	외국인	내국인	외국인	내국인	외국인
전체 범죄	3,281	1,311	3,369	1,558	3,495	1,689	3,190	1,319	2,990	1,163

〈출처 - 경찰청〉

이주민을 위험하다고 생각하는 응답자는 13.9%(24명)으로 아니라고 생각한 응답자 86.1%(149명) 보다 적었다. 이주민의 경우 일부 사례가 확대되고 일반화되어 편견으로 인식되는 경향이 있는데, 한국형사정책연구원의 2016년 조사에 따르면 '외국인은 내국인보다 위험한가'란 설문에 59%가 그렇다고 응답했다. 〈2018 국민 다문화 수용성 조사〉에서도 '이주노동자가 증가하면 범죄율이 올라간다'는 응답에

40.9%가 동의했다. 이번 설문에서는 '무섭다'라는 편견 정도가 매우 낮아짐을 확인할 수 있었다.

경찰청 통계에 따르면 외국인 범죄율은 내국인에 비해 절반 수준이며, 불법체류자라 불리는 미등록 이주민은 내국인의 1/3 수준에 그치고 있다. 인구 10만 명 당 검거인원 지수 통계를 비교해보면 내국인은 2.99명, 외국인은 1.16명으로 약 2.5배 낮다. 이번 문항을 통해 응답자들은 여전히 '외국인은 무섭다'라는 편견을 갖고는 있지만 정도가 낮아지고 있음을 확인할 수 있었다. 이는 시민들이 이주민 범죄에 대한 객관적인 인식 수준을 갖춰가는 것이라 해석할 수 있다.

3. 내 주변 사람의 생각을 추측하여 응답한 설문 결과 및 분석

이번에 진행된 '이주민차별인지감수성 설문조사'는 내가 추측하는 내 주변 사람의 태도를 묻는 문항도 설계하여 조사하였다. 이런 방식의 설문조사는 실제 자신의 태도보다는 좀 더 도덕적으로 선한 태도를 반영하는 경우가 많다. 특히 '차별을 겉으로 드러내서 행동하면 안 된다'는 사회적 인식이 높아짐에 따라, 노골적으로 '차별을 하는 사람'은 '차별주의자', '꼰대', '일베' 등 나쁜 이미지와 연결되었기에, 차별과 관련된 설문에 응답할 때 자신의 속내를 드러내지 않거나 평소 자신이 갖고 있는 생각보다 좋은 방향으로 응답하는 경향이 높다. 이러한 경향성은 차별에 관련된 설문조사의 정확성을 떨어뜨리는데 영향을 줄 수 있다. 따라서 차별에 대한 사람들의 감수성을 확인하기 위해서는 더욱 섬세한 설문방식이 필요하다.

　미 선거전문매체 〈파이브서티에잇〉은 2016년 트럼프 당선을 맞춘 설문조사로 유명해졌다. 많은 여론조사기관에서 트럼프 당선을 맞추지 못했는데, 원인은 '샤이 트럼프' 지지자였다. 트럼프를 지지하는 여론조사 응답자들은 트럼프 지지자라고 하면 '저학력자', '인종차별주의자'라는 나쁜 혐의를 받기 때문에 자신이 트럼프를 지지한다고 밝히지 않았다. 이 회사는 "당신의 이웃이 누구를 지지한다고 생각하는가"라는 설문조사를 통해 '샤이 트럼프'를 찾았고, 트럼프 당선가 당선될 것이라는 사실을 정확히 맞출 수 있었다.

　그런 맥락에서 이번 설문조사에서도 '내 주변 사람은 어떻게 생각하는가'라는 문항을 추가했다. 총 8개의 문항이 주변 사람의 생각을 추측하도록 설계되었으며, 나의 생각과 다른 사람의 생각을 응답하는 문항의 설문 결과가 적게는 10%에서 많게는 32%까지 부정적으로 나타났다. 응답자들은 자신의 차별 감수성을 주변 사람들보다 긍정적으로 답했다. 이러한 결과는 우리 사회 전반의 차별 감수성을 객관적으로 보여준다.

　① 내 주변 사람들은 부산에서 이주민이 차별받고 있다고 생각할까요?

	나	주변 사람
그렇다	54.9%(95명)	45.6%(79명)
아니다	45.1%(78명)	54.3(94명)
차이	−9.3%	

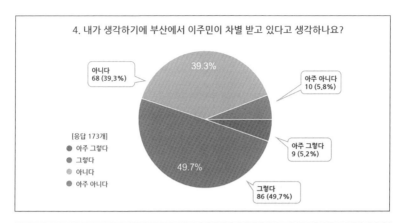

4. 내가 생각하기에 부산에서 이주민이 차별 받고 있다고 생각하나요?

아니다
68 (39.3%)

39.3%

아주 아니다
10 (5.8%)

[응답 173개]
● 아주 그렇다
● 그렇다
● 아니다
● 아주 아니다

아주 그렇다
9 (5.2%)

49.7%

그렇다
86 (49.7%)

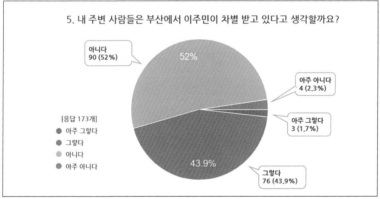

5. 내 주변 사람들은 부산에서 이주민이 차별 받고 있다고 생각할까요?

아니다
90 (52%)

52%

아주 아니다
4 (2.3%)

[응답 173개]
● 아주 그렇다
● 그렇다
● 아니다
● 아주 아니다

아주 그렇다
3 (1.7%)

43.9%

그렇다
76 (43.9%)

'이주민이 차별받고 있다고 생각'는 응답에서 '나'와 '주변 사람'의 차이는 9.3%로 자신의 차별 감수성이 다른 사람보다 높다고 평가했다. 〈2018 부산 문화다양성 실태조사〉에서 '차별받지 않는다'란 응답이 18%에 비해 두 문항 다 부정적인 응답이 높았다. 이주민이 겪고 있는 차별에 대해서는 응답자들의 감수성이 매우 낮음을 확인할 수 있다.

② 내 주변 사람들은 이주민이 이웃이어도 괜찮다고 생각할까요?

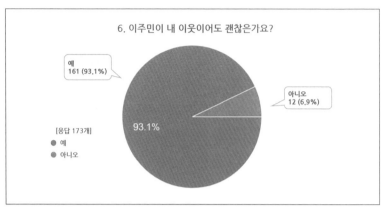

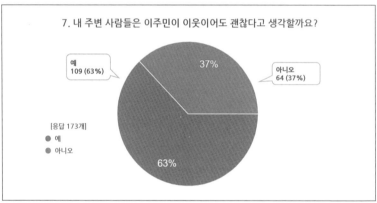

	나	주변 사람
그렇다	93.1%(161명)	63%(109명)
아니다	6.9%(12명)	37%(64명)
차이	−30.1%	

이웃이어도 괜찮다는 응답에서 나와 주변 사람의 차이는 30.1%로 그 차이가 매우 컸다. 자신의 차별 감수성에 비해 주변 사람들을 꽝장히 부정적으로 평가했다. 오히려 주변 사람의 응답은 〈2018 다문화

수용성 조사〉에서 '이웃으로 삼고 싶지 않은 사람' 25.9%보다 부정적인 결과가 나왔다.

③ 내 주변 사람들이 함께 살아도 괜찮다고 생각할 사람들은 누구일까요?

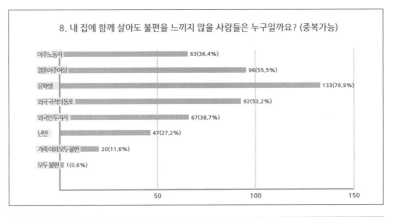

8. 내 집에 함께 살아도 불편을 느끼지 않을 사람들은 누구일까요? (중복가능)

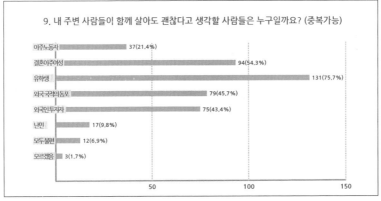

9. 내 주변 사람들이 함께 살아도 괜찮다고 생각할 사람들은 누구일까요? (중복가능)

주변 사람들은 함께 살아도 괜찮은 이주민으로 유학생 75.7%(131명)을 가장 많이 응답했다. 다음으로 결혼이주여성 54.3%(94명), 동

	나	주변 사람	차이
이주노동자	36.4%(63명)	21.4%(37명)	−15%
결혼이주여성	55.5%(96명)	54.3%(94명)	−1.2%
유학생	76.9%(133명)	75.7%(131명)	−1.2%
외국국적동포	53.2%(92명)	45.7%(79명)	−7.5%
외국인투자자	38.7%(67명)	43.4%(75명)	+4.7%
난민	27.2%(47명)	9.8%(17명)	−17.4%
차이	**평균 −6.2%**		

포 45.7%(79명), 외국인 투자자 43.4%(75명), 이주노동자 21.4%(37명) 순이었다. 자신의 생각을 응답한 문항과 순서는 동일했다. 하지만 두 문항에서 차이가 가장 큰 사람은 난민으로 무려 17.4% 차이가 발생했고 이주노동자의 경우도 15%로 차이가 컸다. 즉 난민과 이주노동자는 나도 반대하지만 내 주변 사람들은 더욱 반대한다고 응답했다. 동포는 7.5%로 소폭 차이가 났다. 나의 생각에 대한 응답에서는 50%를 넘었지만 주변 사람들의 생각에 대한 응답에서는 절반이 채 되지 않았다. 오히려 외국인 투자자의 경우 주변 사람들의 생각에 대한 응답에서 4.7%가 상승해 긍정적인 차이가 나타났다. 모든 응답에서 유학생에 대한 수용도가 가장 높았고 그 차이도 76%와 75%로 차이가 없었고, 결혼이주여성 역시 55%와 54%로 큰 차이가 없었다.

주변 사람들에 대한 응답은 〈2018 부산 문화다양성 실태조사〉의 결과 이주노동자 29%, 난민 11%보다도 낮아 우려된다. 내가 평가한 주변 사람들의 차별 감수성은 2018년 조사보다도 현저히 낮았다. 뿐만 아니라 전체적으로 이주 배경과 경제적 상황, 집단별로 이중적인 인식이 커지고 있는 것은 아닌지 우려스럽다.

④ 내 주변 사람들은 이주민이 늘어나서 한국 경제에 보탬이 되었다고 생각할까요?

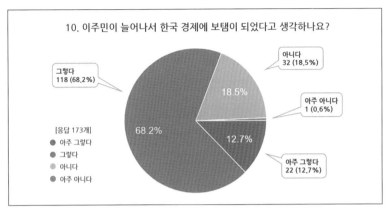

10. 이주민이 늘어나서 한국 경제에 보탬이 되었다고 생각하나요?

그렇다
118 (68.2%)

아니다
32 (18.5%)

아주 아니다
1 (0.6%)

18.5%

68.2%

12.7%

아주 그렇다
22 (12.7%)

[응답 173개]
● 아주 그렇다
● 그렇다
● 아니다
● 아주 아니다

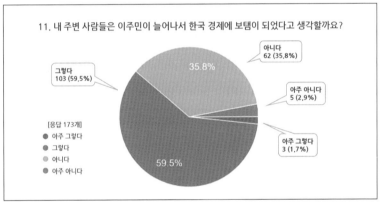

11. 내 주변 사람들은 이주민이 늘어나서 한국 경제에 보탬이 되었다고 생각할까요?

그렇다
103 (59.5%)

아니다
62 (35.8%)

아주 아니다
5 (2.9%)

35.8%

59.5%

아주 그렇다
3 (1.7%)

[응답 173개]
● 아주 그렇다
● 그렇다
● 아니다
● 아주 아니다

	나	주변 사람
그렇다	80.9%(140명)	61.2%(106명)
아니다	19.1%(33명)	38.7%(67명)
차이	−19.7%	

한국 경제에 보탬이 되었다는 문항에 대한 나와 다른 사람의 생각 차이는 −19.7%였다. 이번 응답에서도 나의 차별 감수성은 주변 사람

들보다 높게 나왔다. 앞선 설문과 달리 나의 생각과 주변 사람들의 생각 모두 〈2018 국민 다문화 수용성 조사〉의 7%보다 높았다. 비록 나와 다른 사람의 응답 결과 차이가 크기는 하지만, 이주민의 한국 사회 기여에 대한 인식은 지난 3년간 높아진 것으로 보인다.

⑤ 내 주변 사람들은 외국인이 위험하다고 생각할까요?

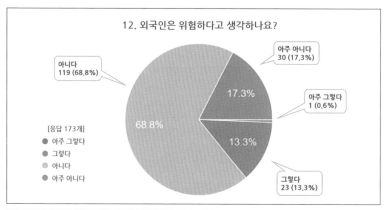

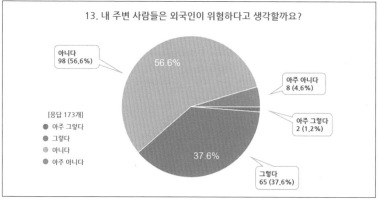

외국인이 위험하냐는 문항에 대해서 나와 주변 사람의 응답 차이는 +20.9%였다. 즉 주변 사람들은 외국인에 대해 '무섭다'라는 편견

	나	주변 사람
그렇다	17.9%(31명)	38.8%(67명)
아니다	82.1%(142명)	61.2%(106명)
차이	+20.9%	

을 더 많이 가지고 있다고 응답했고 그 차이도 컸다. 또한 〈2018 국민
다문화 수용성 조사〉의 40.9%와 비교하면 주변 사람들에 대한 응답
은 비슷한 수준을 보였다. 두 문항 모두 실제 외국인 범죄 통계에 비
하면 편견을 가지고 있는 것으로 확인되었다.

⑥ 내 주변 사람들은 최저임금과 건강보험이 보장되어야 한다고
생각할까요?

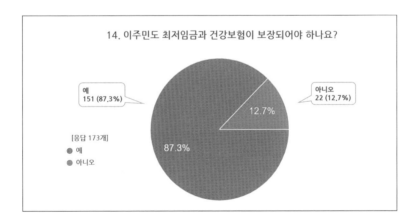

14. 이주민도 최저임금과 건강보험이 보장되어야 하나요?

	나	주변 사람
그렇다	87.3%(151명)	64.7%(112명)
아니다	12.7%(22명)	35.3%(61명)
차이	−22.6%	

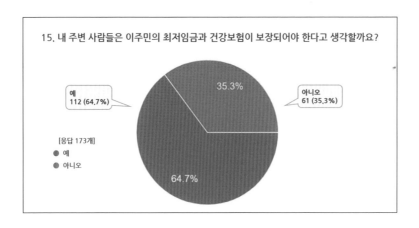

15. 내 주변 사람들은 이주민의 최저임금과 건강보험이 보장되어야 한다고 생각할까요?

예
112 (64.7%)   35.3%   아니오
                                     61 (35.3%)

[응답 173개]
● 예
● 아니오

64.7%

　최저임금과 건강보험이 보장되어야 한다는 응답에 대한 나와 주변 사람들의 응답은 −22.6%로 나타났다. 보편적 권리 보장에 대한 나의 감수성을 주변 사람들의 감수성보다 훨씬 높은 수준으로 평가했다. 비록 두 문항에 대한 응답 차이는 −22.6%로 컸지만, 주변 사람들의 생각은 〈2018 국민 다문화 수용성 조사〉의 53.9%보다 높게 나타났다는 점은 긍정적이다. 보편적 권리에 대한 사회적 인식 수준은 꾸준히 증가하고 있는 것으로 확인되었다.

　⑦ 내 주변 사람들은 출신국이나 피부색에 따라 행동이 달라질까요?
　출신국이나 피부색에 따라 행동이 달라진다는 문항에 대한 나와 주변 사람들의 응답 차이는 무려 +29%였다. 즉 나는 그렇지 않지만

	나	주변 사람
그렇다	24.2%(42명)	53.2%(92명)
아니다	75.7%(131명)	46.9%(81명)
차이	+29%	

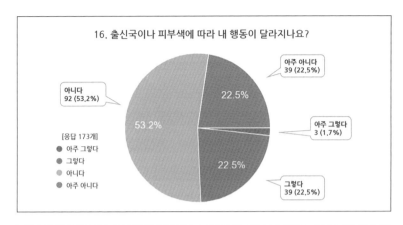

16. 출신국이나 피부색에 따라 내 행동이 달라지나요?

아주 아니다
39 (22.5%)

아니다
92 (53.2%)

[응답 173개]
● 아주 그렇다
● 그렇다
● 아니다
● 아주 아니다

22.5%

53.2%

22.5%

아주 그렇다
3 (1.7%)

그렇다
39 (22.5%)

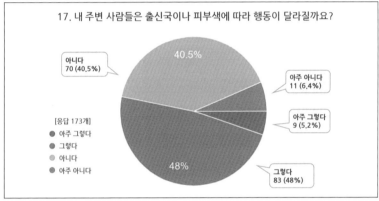

17. 내 주변 사람들은 출신국이나 피부색에 따라 행동이 달라질까요?

아니다
70 (40.5%)

[응답 173개]
● 아주 그렇다
● 그렇다
● 아니다
● 아주 아니다

40.5%

48%

아주 아니다
11 (6.4%)

아주 그렇다
9 (5.2%)

그렇다
83 (48%)

주변 사람들은 이주민의 출신국이나 피부색에 따라 차별을 하고 있다고 평가한 것이다. 나의 생각에 대한 응답은 75.7%에 달해 차별을 해서는 안 된다는 사회적 인식 수준이 매우 높아진 것을 확인할 수 있었지만, 주변 사람들에 대한 인식 수준에 대해서는 53.2%로 급격히 낮아짐을 확인할 수 있었다.

이번 문항은 '어떻게 생각하나요?'가 아니라 '행동이 달라지나요?'에 대해 조사한 것이기 때문에 실제로 주변 사람들의 행동을 평가했다고 볼 수 있다. 즉 주변 사람들이 출신국이나 피부색에 따라 다른 행동을 한 것을 보고 설문에 응답한 것으로 추측된다. 이번 문항을 통해 여전히 한국 사회에 인종 차별이 심각한 것을 확인할 수 있다.

⑧ 내 주변 사람들은 난민을 더 받아도 된다고 생각할까요?

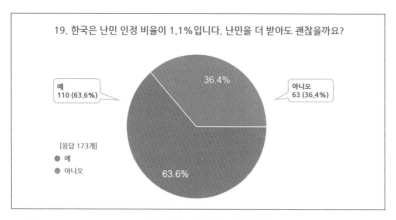

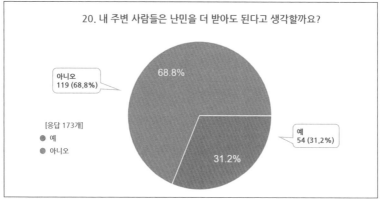

난민을 더 받아도 괜찮다는 문항에, 나와 다른 사람에 대한 응답 차이는 -32.4%였다. 이번 설문에서 나와 다른 사람의 생각을 응답

	나	주변 사람
그렇다	63.6%(110명)	31.2%(54명)
아니다	36.4%(63명)	68.8%(119명)
차이	−32.4%	

하는 8개 문항 중 '난민에 대한 인식' 문항이 가장 큰 차이를 보였다. '난민'에 대한 주변 사람의 응답은 〈2018 국민 다문화 수용성 조사〉와 비교해 봐도 25.5%에 비해 소폭 높은 수준일 뿐이다. 이는 난민이 한국에 거주할 수 있어야 한다는 원칙에 대해서는 이해하고 있지만 실제로는 반대한다는 것으로 추측할 수 있다.

4. 의제 제안

이번 민주시민교육원 나락한알에서 실시한 '이주민차별인지감수성 설문조사'를 2018년에 실시된 두 조사와 비교 분석하고, 아울러 이번 설문 내에서 '나의 생각'과 '다른 사람의 생각'을 비교 분석해본 결과 다음과 같은 결론을 내릴 수 있었다.

첫째, 2018년의 두 조사에 비해 전반적으로 차별 감수성이 높아졌다. 특히 보편적 권리에 대한 동의 정도 역시 높아졌음을 확인할 수 있었다. 둘째, 이주민에 대한 수용성은 증가했지만, 함께 살더라도 거리를 유지하려는 경향이 존재했다. 또한 이주민들의 이주 배경과 출신 국가, 경제적 배경에 따라 이중적인 태도를 가지고 있었다. 셋째, 응답자들은 자신의 차별 감수성을 주변 사람보다 높게 응답하는 경향이 나타났다. 넷째, 주변 사람들의 생각을 응답한 결과 2018년의 두 조사에 비해 오히려 부정적으로 나타났다. 응답자들이 평가한 주변 사람들의 감수성은 3년 전보다 낮다고 평가했다. 이러한 설문조사의 결과를 바탕으로 부산에 거주하는 모든 구성원들이 행복하게 살기 위해서 5가지 의제를 제안한다.

1) 이주민과 평등하고 의미 있는 만남과 관계가 필요하다.

이번 설문조사를 통해 부산 시민들은 이주민과 접촉하는 빈도가 낮았다는 사실이 드러났다. 일주일에 이주민을 한 번도 만나지 못했다는 비율이 무려 60.1%였고, 1회 역시 23.7%로 매우 낮았다. 물론 일상에서 이주민과 접촉 빈도가 높은 것만으로 감수성이 높아지지는 않을 것이다. 린 데이비스는 연중행사로 치러지는 다문화축제와 같은 '피상적 접촉만으로는 서로에 대한 이해나 화해가 촉진되지 않으며, 그것이 오히려 갈등을 부추기는 역할'을 할 수도 있다고 했다. 감수성을 높이고 차별을 없애기 위해서는 '서로를 존중하는 평등한 관계 속에서 그리고 의미 있는 만남과 관계'를 지속적으로 연출할 필요가 있다.

2) 이러한 관계와 만남을 위한 물리적 공간을 확보하자.

현재 부산시 거주 외국인 주민의 26.6%를 차지하는 이주노동자에 대한 부산시 차원의 지원은 부산외국인주민지원센터(모라동)가 유일한데, 이용하는 이주노동자들의 수에 비해 공간이 절대적으로 부족하다. 부산지역 최대 공단인 녹산공단 내 노동자의 약 10%가 이주노동자이며 강서구 주민등록인구의 7.9%가 이주민임에도 불구하고, 기본적인 생활편의시설조차 전무하여 회사 내에 위치한 열악한 컨테이너 기숙사에서 생활하는 경우가 많다. 대중교통을 이용하기에 불편하며, 공공기관 및 민간지원기관에도 접근성이 매우 떨어진다.

문화시설 및 생활편의시설 확충, 공단 내 공동기숙사 설립과 대중교통 확보가 절실하게 필요하다. 축제나 행사 같은 일회성 지원이 아니라, 주거환경 개선, 이주민 커뮤니티를 위한 문화공간 지원이 필요하다. 이주노동자들이 도심으로 자유롭고 편안하고 빠르게 다닐 수 있어야 하며, 이주민들의 커뮤니티를 장려하여 시민들과 직접적인 교류를 증진시켜야 한다. 소외되지 않고 서로를 존중하는 평등한 관계 속에서 이주민과 접촉할 수 있는 환경을 조성해야 한다.

3) 이주민의 보편적 권리 보장

노동권 보장

평등한 관계를 위해서는 이주민들에게 불합리하고 차별적인 제도를 바꿔야 한다. 이주노동자들은 잠시 머무는 외국인 취급을 받으며 보편적 권리 보장이 아닌 '특례사항'으로 최소한의 노동권만 보장받고 있는 실정이다. 사업장 이동제한, 무급휴무, 방역, 체류, 임금체불, 낮은 임금과 강도 높은 노동, 열악한 주거환경 등 이주노동자들은 행정과 정책, 제도의 사각지대에 놓여 있다. 〈부산외국인주민지원센터〉의 2020년에 무려 18,831건의 상담을 진행했고 임금체불 약 4,436건, 의료 1,993건, 사업장 변경 886건이었다. 〈부산외국인주민지원센터〉의 상담 건수가 상당한데, 이는 부산에 노동하는 이주민을 위한 센터가 부족한 것도 있지만 이주노동자들이 최소한의 노동권만 보장받기 때문이기도 하다. 이주노동자도 노동자이며, 함께 살아가고 있는 시민이다. 아울러 한국과 지역사회에 상당한 기여를 하고 있다. 따라서 이주민들은 존엄한 인간으로서 누구나 누릴 보편적 권리를 동일하게 보장받을 권리가 있으며, 이주민들의 지역사회 기여를 생각하면 더더욱 이를 지지해야 한다.

정당한 정보 제공과 차별적 언어의 수정

결혼이주여성들은 정책적·제도적으로 '며느리'로서 취급받으며, 국어를 못하고, 가난하고, 도움이 필요한 존재로 인식된다. 결혼이주여성들은 가부장적 질서 내의 며느리로서 취급을 거부한다. 결혼이주여성들은 자신의 체류자격과 국적 취득이 남편과 시어머니의 허가를 필요로 제도적 차별을 거부한다. 결혼이주여성들 중 약 70%가 경제활동에 참여하고 있는데, 이는 일반 국민의 경제활동 참가 약 65%에 비해 더 많은 수준이다. 이런 상황에서 결혼이주여성들은 한국 사회에서 온전한 한 사람의 시민으로서 인정받길 원한다. 뿐만 아니라 자녀를 양육하는 학부모로서 제 역할을 하기 위하여, 자신들이 이해할 수 있는 언어로 한국 교육시스템에 대한 충분한 정보를 제공받기를 원한다.

이에 더하여, '한국인과 결혼한 외국인 배우자와 그 자녀'라고 정의한 '다문화'란 용어는 다양한 이주배경 가족들을 포괄하지 못하는 용어이며, 차이를 지칭하는 말이 사람을 지칭하고 낙인찍는 용어가 되어 편견과 차별의 수단으로 작용했다. 이를 위해 '다문화'보다는 중

립적인 의미를 담은 '이주배경'이라는 용어를 사용하기를 권한다.

건강권 보장과 부산시 공공의료의 확대

'아프면 참지 마세요.'는 이주민 무료진료소의 안내 문구이다. 하지만 이주민 건강보험 적용률은 단 56.8%에 그치고 있으며, 영세규모의 사업장과 건설업 등, 미등록 이주민들은 제대로 된 건강보험을 적용받지 못하고 있는 실정이다. 부산은 공공의료기관이 단 1곳뿐이라, 부산 시민을 위한 공공의료도 열악한 상황이다. 이는 부산의 심각한 의료 공백을 드러내고 있다.

이주민들 덕에 의료보험이 흑자를 기록하고 있다는 통계를 보더라도, 이주민들은 의료보험 먹튀가 아니다. 상황이 이런데, 지난 20년간 이주민들은 제대로 된 건강권을 보장받지 못했다. 이 빈자리를 시민단체의 무료진료소와 병원의 진료협력 등을 통해 민간에서 해결해왔다. 부산은 왜 공적으로 해야 할 일을 민간단체에 미루고 있는가. 부산시는 지금이라도 공공의료기관을 확충하고, 체류자격에 관계없이 모든 사람이 치료를 받을 수 있는 공공의료 정책을 수립해야 한다. 특히 이주민 산모와 영유아가 실질적으로 의료혜택을 받을 수 있도록 시급한 제도적인 대안을 마련해야 한다.

재난과 위험risk의 민주화

재난은 모두에게 평등하지 않았다. 재난상황에서 사회경제적 약자의 취약성은 이미 여러 곳에서 수없이 보고되고, 경고받았다. 약자는 도처에서 번번이 차별받고 배제되었다. 코로나19로 인한 위기로 제일 먼저 해고된 사람도, 무급휴무에 들어간 사람도 이주민이었다. 세금도, 보험금도 내고 있는 이주민들은 당연하게도 재난지원금을 받지 못했고, 건강보험에 가입되어 있지 않은 이주민들은 마스크조차 살 수도 없었다. 물론 건강보험에 가입되어 있는 이주민들이 거주하는 근처에는 약국이 흔치 않았고, 장시간 노동을 하는 이주민들은 줄을 서서 마스크를 살 수 있는 형편도 안 되었다. 마스크가 없어 외출을 하지 못한 이주민들이 있었고, 유일한 공공병원인 부산의료원이 코로나 전담병원으로 전환되어 치료를 더 이상 받지 못해 사망한 이주민 암환자가 있었다.

팬데믹 상황에서 의료 차별은 팬데믹 상황을 악화시키면 악화시켰지, 완화시키지는 않는다. 모든 인간의 존엄성과 평등한 건강권의 보장은 곧 재난의 시대에 위험의 민주화와 결합된다. 이번 설문에서도 '이주민이 차별받고 있다고 생각하나요?'에 대해서 54.9%가 그렇다고 응답했고, '이주민도 최저임금과 건강보험이 보장되어야 하나요?'란 응답에 대해서는 87.3%가 동의했다. 이주민이 한국 사회에서 제도적으로 차별받고 있으며, 보편적 권리를 누리지 못하고 있다는데 많은 사람들이 동의하고 있는 상황에서 이주민들의 권리를 보장해야 한다는 것은 시민의 여론이자, 공론이다.

'노동력이 필요했는데 사람이 왔다.'라는 말이 있다. 지금까지 부족한 노동력을 메우는 것만 생각했지 그 일을 하는 인간이자 노동자들에 대한 이해가 부족했다. 한국에 거주하는 모든 이주민들을 소중한 한 사람으로 인식해야 한다. 이주민들이 보편적 권리를 보장받을 때 진정한 의미의 평등하고 의미 있는 만남이 가능할 것이며, 이는 한국 사회의 민주주의를 한 단계 발전시키는 계기가 될 것이다.

4) 차별에 대한 인지감수성 증진을 위한 민주시민교육 필요

본 설문조사 결과 이주민에 대한 수용성은 증가했지만 함께 살되 거리를 유지하려는 경향이 존재했다. 또한 이주민들의 이주 배경과 출신 국가, 경제적 배경에 따라 이중적인 태도를 가지고 있었다. 주변 사람들의 생각을 묻는 설문에 응답한 결과에서는 2018년의 두 조사에 비해 모두 다 부정적 성향을 드러내었다. 사회 구성원 간의 평등과 민주주의를 달성하기 위해서는 지금보다 높은 수준의 시민들의 차별 감수성이 필요한데, 이를 위해서 차별 감수성 교육이 필요하다.

부산·경남 지역 20여 명의 이주민 활동가들이 모인 〈이주민포럼〉은 이주민 당사자들의 목소리를 들을 수 있다. 〈이주민포럼〉에 참여한 이주민들은 한국에서 생활하면서 여전히 크고 작은 차별들을 경험하고 있었다. "한국말 할 줄 아세요?", "스마트폰 쓸 줄 아세요?", "한국 음식은 드시나요?" 등 마치 어린아이 취급하는 말들을 들었으며, "여기서 돈 많이 벌어 좋겠네.", "몽골에는 아파트 있어요?" 등 출신 국가를 경제적으로 무시하는 발언들은 이주민들이 실제 경험했던 사례들이다.

대부분의 경우 사소하고 작은 차별들은 의도적이기보다는 오히려 이주민에 대한 이해 부족과 평소 자신도 인식하고 있지 않은 편견과 고정관념으로 인해 발생한다. 사람들이 자신이 평소 가지고 있는 편견과 고정관념을 인지하지 못한다는 점, 그리고 이주민들이 일상에서 겪는 현실, 고민, 경험을 잘 모른다는 점이 문제다. 차별이 일상에서 어떤 방식으로 일어나는지도 모르고, 이런 상황에서 편견이 공고화되고, 이것이 점점 더 사람들을 소외시킨다는 사실에 대해 이해가 낮아, 차별적인 말과 행동인 줄 모르고 일어나는 차별들이 늘어나고 있다. 이번 조사 결과에서 이주민과 접촉 경험이 적은데, 보편적인 권리에 대한 동의가 높게 나온 상황에서 이주민에 대한 수용성이 낮게 나온 것도 장차 이런 문제가 발생할 것임을 예견하고 있다.

〈2018 국민 다문화 수용성 조사〉에서 성인들의 '다문화 교육 경험'에 대한 설문 결과 다문화교육 경험이 있는 사람은 단 4.6%밖에 되지 않았지만 경험이 있는 사람은 없는 사람보다 수용성이 5%가량 증가했다. 교육 경험이 1회인 사람보다 2회 이상인 사람은 다문화 수용성이 10% 이상 증가하는 것도 확인할 수 있었다. 다문화교육이 어린이·청소년뿐만 아니라 성인들의 감수성에도 효과가 크다는 것을 확인할 수 있었다.

10대 청소년의 수용성 지수는 71.22로 성인 52.81에 비해 다문화 수용성이 무려 25%가량 높았다. 청소년의 경우 다문화교육 참여율이 32%로 높아, 성인 참여율 4.6%에 비해 차이가 컸다. 지난 2021년 5월, 〈부산민주시민교육네트워크〉가 부산시의 민주시민교육 위탁사업을 시작했는데, 이 사업을 토대로 성인들의 이주민 인지 감수성을 높이기 위한 교육도 진행되기를 기대한다. 뿐만 아니라 성인들의 교육 참여율을 높이기 위한 교육프로그램을 개발하고, 이를 뒷받침하는 정책을 고안하여야 한다. 필요하다면 법정 의무교육과 같은 제도적으로 강제도 고려해야 할 것이다.

5) 〈차별금지법〉 제정 필요

이번 설문조사에서 실시한 '주변 사람들의 생각'에 대한 설문 결과는 2018년의 두 조사에 비해 오히려 부정적으로 나타났다는 점은 다소 우려된다. 응답자들이 평가한 주변 사람들의 감수성은 3년 전 두 조사보다 낮다는 점은 한국 사회의 차별 감수성이 좀처럼 높아지고 있지 않다는 것을 보여준다. 조사자의 23%가 '출신국이나 피부색에 따라 행동'이 달라진다고 응답했고, 이에 비해 내 주변 사람들은 53%가 달라진다고 응답했다. 자신의 차별 감수성을 주변 사람들보다 높게 평가한 것을 보면, 한편으로 조사자들이 의식적으로는 이주민들의 권리를 보편적으로 인정하는 데에는 동의하지만, 현장에서 행동할 때는 편견이 작용하는 것은 아닌지 짐작할 수 있다.

2020년 6월 29일, '평등 및 차별금지에 관한 법률'(차별금지법)이 발의되었다. 2006년 노무현 정권 때 처음으로 차별금지법이 발의되었지만 제정되지 못하고 폐지되었다. 차별금지법은 성적 지향, 고용 형태, 성별, 출신 국가, 장애 등을 이유로 차별하는 것을 금지하는 것을 주 내용으로 하고 있다. 15년 제정 운동의 역사에서 '차별금지법 지금, 당장!'이라는 구호는 언제나 긴급하고 절실한 요구였지만, 정작 국회와 정치권은 '나중에'라는 돌림노래만 반복하고 있는 실정이다.

최영애 국가인권위원장은 "장애, 성별 등 차별을 규제하는 개별법이 있지만 다양한 현실을 개선하는 데 한계가 있다."며 "평등법 제정은 더 미룰 수 없는 우리 사회의 당면 과제", "사회의 차별 현실을 정확히 드러내고 그 경험을 공유하는 의미가 있다."라고 밝혔다. 2018년 유엔인종차별철폐위원회 역시 인종을 포함한 포괄적 차별금지법 제정을 대한민국 정부에 권고한 것처럼, 이제는 더 이상 이런 노골적인 차별이 없도록 차별금지법이 제정되어야 한다고 권고한 바 있다.

한국에는 사람을 지칭하는 편견적인 용어로 '다문화'를 정의한 〈다문화가족지원법〉은 있어도, 인종차별이 무엇인지 정의한 법은 없다. 심지어 여전히 다문화라는 말을 공문서나 교과서를 비롯, 일상에서 자주 사용하고 있다. 보수 종교집단에서는 개별법으로 차별을 해소할 수 있기 때문에, 차별금지법을 반대한다. 하지만 개별법에는 차별이 무엇인지, 차별이 발생했을 때 어떻게 할지에 대한 내용이 없다. 또한 차별로 인해 당사자가 직접적인 피해를 당했을 때, 처벌할 수 있는 조항도 없다.

2020년 인권위원회의 '한국 사회의 인종차별 실태와 인종차별 철폐를 위한 법제화 연구' 설문조사에 따르면 330명 중 56.1%가 '언어적 비하'를 경험했다고 했고, 약 20%는 상업 시설 입장을 거부당하거나 쫓겨난 적이 있다고 했다. 심지어 판매 및 서비스를 받지 못한 경험도 있다고 답했다. 〈이주민포럼〉의 당사자들 역시 '가게 점원이 졸졸 따라다녀 기분이 매우 나빴다.', '딸 선물 사러 보석가게에 들어갔더니 돈부터 있냐고 묻더라.'는 등 일상에서 일어나는 차별의 경험은 참으로 많고 다양하다.

'차별은 나쁘다.' '출신 국가나 민족을 이유로 차별하면 안 된다.'는 주장에 대해서 대부분 동의할 것이다. 실제로 인권위원회가 2020년 4월에 실시한 '차별에 대한 국민인식조사'에서 성인 응답자의 88.5%가 차별금지법 제정이 필요하다고 응답했다. 10명 중 9명은 차별금지법 제정에 동의한다. 뿐만 아니라 경제협력개발기구(OECD) 34개 회원국 가운데 한국과 일본을 제외한 대부분의 국가에 이미 평등법과 유사한 법이 존재한다. 차별금지법 제정을 통해 '교육, 노동, 공공서비스 등 이용에서 인종이 다르다는 이유로 차별하면 안 된다.'는 명문화한 사회적 기준이 있어야 한다.

5. 결론 – "모두가 살기 좋은 부산"이라는 공동의 목표 만들기

이주민 인권은 한국 사회 인권의 바로미터다. 이주민의 인권이 보장될 때, 모두의 인권과 민주주의의 수준이 높아진다. 앞서 제안된 의제들을 살펴보자. 주거환경 개선과 공공주택 제공은 비단 이주노동자만의 문제일까? 최저 주거기준에 미달하는 인구가 무려 8%가 된다. 공공의료의 공백으로 인한 건강권 침해 문제는 어떠한가? 특히 부산은 인구 대비 월등히 부족한 공공의료로 의료 사각지대가 이미 발생하고 있다. 코로나19라는 재난 상황에서 이주민은 우리가 신성불가침이라고 믿었던 생명권에서 배제되었다. 한국사회는 사회적 약자라면 인간의 생명과 존엄성조차 차별의 대상이 되는 야만적인 사회인 걸까.

이처럼 이주노동자의 목소리가 한국 인권의 바로미터라고 했던 것처럼, 이주노동자들의 목소리를 통해 한국 사회 그리고 부산의 지역사회가 얼마나 차별적인지를 알 수 있었다. 나아가 차별은 이주노동자에게만 적용되는 것이 아니라, 우리 사회 곳곳에 퍼져있다. 차별이 없어져야 모두가 살기 좋아지는 것은 당연한 일이다. 이럴 때일수록 이주노동자가 알려주는 차별을 중요한 기회로 삼아야 한다. 그렇지 않다면 보편적 인권, 다양성과 공존은 영영 우리의 것이 되지 못할 것이다.

차별은 우리에게 어떤 이득도 주지 않는다. 악의적으로 미등록 이주노동자를 고용하여 임금체불을 한 후, 월급을 달라고 하면 출입국사무소에 '불법체류자가 우리 농장에 거주하고 있다.'고 신고한 미나리 농장 사장은 8천만 원가량을 챙겼다. 미나리 농장 사장은 임금 체불로 인한 8천만 원가량의 수익을 미나리 가격 출하 가격을 낮추는 데 사용했을까? 혹, 최저임금을 위반한 편의점에서 '우리 가게는 인건비를 줄여 10% 할인 행사를 합니다.'라고 하는 것을 본 적이 있는가? 우리는 차별로 어떠한 이득도 본 적이 없고 어떠한 이득도 볼 수 없다. 우리가 차별에 적극적으로 반대해야 할 이유이다.

이주는 일상이 되었고, 우리 삶은 이주민의 노동에 꽤 많이 의존하고 있다. 이주민은 부산에서 노동을 하고 있고, 의식주를 해결하면서 소비활동을 하고 있다. 가족을 이루고 있으며, 자녀를 키우고 있으며, 건강보험료를 지불하고 있다. 이주민이 한국과 부산의 지역 사회에서 살아가기 위해 자신이 살고 있는 지역 사회에 다양하게 참여하고 기여할 수밖에 없다. 이러한 사실만으로도 이주민은 충분히 시민의 자격을 가질 수 있다. 이주민과 한국인을 구분할 필요도 없다. 한국도 이주의 역사로 건국했다는 신화의 흔적을 갖고 있으며, 두 명의 난민(이승만, 김대중)을 대통령으로 선출한 국가다. 더 중요한 것은 이런 이유 모두를 차치하고서라도 그냥 '사람'이라서 존중해야 한다. 이것으로 충분하다. 이들과 함께 살기 좋은 도시를 만드는 것을 우리 모두의 목표로 삼는 것이 더 유익하다. 혐오와 차별은 이런 목표와는 반대로 폭력에 폭력을 유발할 뿐이다. 감히 주장한다.

'이주민이 살기 좋은 도시는 모두가 살기 좋은 도시'다.

II

장애인을 차별하지 맙시다

설문지 해석 및 의제 작성 : 김태훈, 박용민, 이유림, 권새론

설문작성 : 김경석, 김현우, 이도향, 이혜림, 정우경, 팽명도

1. 차별 금지 정책 제안서 – 장애인 교육권

1) 의제 실현을 위한 구체적 요구사항
- 장애인 평생교육시설 확대
- 특수학교 신규 설치
- 초, 중, 고등학교 통합교육 지원 확대

2) 부산 시민과 시민사회에 요구한다.
- 학령기 장애학생이 좀 더 풍성한 교육적 환경에서 특수교육을 받을 수 있도록 관심을 가지자.
- 성인 장애인이 학교 졸업 이후에도 다양한 교육 기회가 만들어져야 한다.

3) 의제 제안의 배경
- 부산지역에는 현재 1개의 장애인 평생교육시설이 있음. 비장애인들의 경우에는 대형마트를 비롯하여 주민센터 등에서 평생교육프로그램이 열리고 있기 때문에 참여할 수 있는 기회가 많음. 반면, 장애인의 경우에는 이들을 대상으로 이루어지는 평생교육 프로그램은 찾아보기 어려운 상황임. 따라서 지역사회에서 거주하는 장애인들의 평생교육 기회 참여를 위해 평생교육시설이 필요함.

- 부산지역 특수학교는 현재 15개이나 거리가 먼 경우가 많아, 통

학버스를 타고 다니는 장애학생 중 일부는 왕복 2~3시간을 통학버스에서 시간을 보내고 있음. 게다가 중증장애학생이 갈수록 늘어나는 현실을 고려할 때, 통합교육 현장에서 중증 중복장애학생의 경우, 특수교육적 지원이 어렵다는 점을 고려하여, 특수학교를 신규 설치할 필요가 있음.

• 부산지역 통합교육 현황(2021 특수교육실태조사서)을 보면 특수학급에 배치되어 특수교육을 지원받는 학생은 초, 중, 고 모두 합쳐, 2,878명이며 일반학급에서 전일제 통합교육을 받는 학생은 1,634명임. 그런데 통합교육을 실시할 수 있는 예산이나 인프라(인력 등)가 부족하여 통합교육의 어려움을 호소하고 있음. 이에 따라 통합교육이 원활하게 이루어질 수 있도록 특수교사 및 실무원의 확충과 통합교육 예산 지원 확대가 필요함.

4) 의제를 통해 새롭게 알게 된 내용과 용어설명

• 통합교육이라 함은 장애로 등록되었거나 장애가 의심되는 학생을 특수학교에서 분리하여 교육하는 것이 아니라, 일반학교에서 비장애 아동과 함께 교육을 하는 것.

• 특수교육이라 함은, 신체적 · 정신적 · 사회적 발달의 장애나 발달 상의 느림으로 인하여 특수한 교육적 요구를 지닌 아동을 대상으로 하는 교육.

2. 차별 금지 정책 제안서 - 장애인 이동권

1) 의제 실현을 위한 구체적 요구사항
- 장애인 콜택시(두리발) 증대
- 휠체어 이용자의 장거리 이동을 위한 고속 및 시외버스 증대

2) 부산 시민과 시민사회에 요구한다.
- 교통약자를 위한 이동수단은 장애인 등 교통약자들의 발이다. 이러한 발이 제 역할을 할 수 있도록 실제적이고, 적극정인 지원이 더욱 이루어져야 한다.

3) 의제 제안의 배경
- 부산 지역에는 휠체어 장애인들이 이용하는 장애인 이동 교통수단인 두리발이 있음. 부산지역 장애인들이 두리발 차량 부족에 따른 긴 대기 시간 때문에 큰 불편을 겪고 있음. 호출하면 보통 40분 이상 기다려야 하고, 최대 2시간 이상까지 걸리는 경우가 많음. 또한 두리발 스마트 앱을 보면 대기자 수가 100명이 넘을 때가 빈번함. 대기 시간이 가장 큰 이유로는 부족한 차량 수가 꼽힘. 부산에서 휠체어를 타는 장애인은 1만 7000여 명으로 파악되지만, 현재 운행하는 두리발은 130대에 불과함. 여기에 모든 차량이 동시에 운행하는 것도 아님. 기사 근무시간 등을 고려해 시간대마다 40~70대 정도 운행하는 실정임. 현재 장애인 수요를 감당하기엔 두리발 차량수가 부족하여 차량 수를 확대

할 필요가 있음.

• 대중의 이동수단인 버스, 장거리 이동 시 고속 및 시외버스 등을 이용하는 사람들이 많을 텐데, 휠체어를 타는 장애인들에게는 장거리 버스 이용이 결코 쉽지 않음. 시내버스에는 휠체어가 탑승할 수 있는 저상버스가 일부 존재하지만, 장거리를 이동하는 시외 및 고속버스에는 장애인을 위한 설비가 되어 있지 않아 장거리 버스 이용 시 휠체어를 짐칸에 실어야만 하는 등 이용에 어려움을 겪는 장애인들이 많음. 20년 6월부터 서울시에서 시범 운행 중인 휠체어 탑승 설비를 장착한 서울 장애인 버스는 총 2대로, 일반형 버스(휠체어 8석/일반 좌석 21석), 우등형 버스(휠체어 5석, 일반 좌석 18석)까지 탑승할 수 있게 제작됨. 이 버스는 휠체어가 타고 내릴 수 있는 문과 승강기, 좌석, 고정 장치 등을 갖추고 있는 것이 특징임. 부산 지역에는 휠체어 이용이 가능한 버스는 나래버스 1대로, 부산 지역의 휠체어 장애인들이 더 많이 이용할 수 있도록 장거리 및 단체 이동의 편의를 위해 추가적인 장애인 버스 도입이 필요함.

4) 의제를 통해 새롭게 알게 된 내용과 용어설명

• 착한 셔틀은 중증장애인 근로자의 자택 앞에서 근무지까지 운행하는 도어 투 도어Door to Door 셔틀버스 서비스로 타인의 도움 없이 대중교통 이용이 어려운 장애인 근로자의 출퇴근 안전과 효율적인 시간 관리를 지원함. SKT는 T맵 데이터를 분석해 착한 셔틀에 최적의 안전 경로를 제공하는 기술을, 한국장애인고

용공단은 위치확인 보조공학기인 스마트지킴이를 지원함. 모두의 셔틀은 실시간 차량 위치 및 좌석을 확인하고 탑승 예약을 할 수 있는 솔루션을 제공함. 착한 셔틀은 20년 성남시에서 시범사업을 거쳐 21년 7월 보건복지부의 복지사업으로 승인받으며 전국단위 버스를 전개할 수 있는 발판을 마련했고, 21년 10월 광역지방자치단체 최초로 부산시에서 사업화를 추진하게 됨.

3. 차별 금지 정책 제안서 – 장애인 자립

1) 의제 실현을 위한 구체적 요구사항
- 장애 유형을 고려한 다양한 주거서비스 제공
- 당사자 중심의 공식적–비공식적 네트워크 형성

2) 부산 시민과 시민사회에 요구한다.
- 장애인들이 희망하는 곳에서 본인의 욕구에 맞는 다양한 서비스를 제공받으며 살아갈 수 있도록 다양한 지원 체계를 구축하라.
- 지역사회에서 살아갈 수 있는 다양한 주거 공간을 확보하라.

3) 의제 제안의 배경
- 장애인들이 지역사회에서 살아갈 수 있는 주거공간 지원을 위해서는 복잡한 임대주택 유형을 통합하여 공급할 필요가 있다.
- 장애인들이 지역사회에서 안심하고 자립생활을 이어나가기 위

해서는 지역사회에서 살아갈 수 있는 주거공간 확보 및 주거 · 돌봄 · 의료 등 통합 서비스를 통한 지역사회 내 생활 지원이 필요하다.

• 지역사회와의 단절 등으로 환경변화 대응에 미흡한 장애인 당사자들에게 안정적인 자립생활 영위를 위해서는 다양한 공식적 · 비공식적 네트워크를 형성해야 한다.

4) 의제를 통해 새롭게 알게 된 내용과 용어설명

• 탈시설은 집단적으로 거주하는 시설에서 생활하는 장애인이 시설에서 퇴소하고 지역사회에 통합되어 보편적 주택에서 자립생활을 영위하는 것을 말한다.

3. 차별 금지 정책 제안서 – 장애인 문화 향유

1) 의제 실현을 위한 구체적 요구사항

• 장벽 없는 장애인 문화 · 예술 향유(문화 접근성) 기회 제공

2) 부산 시민과 시민사회에 요구한다.

• 부산지역 문화 · 예술 공연, 전시에 배리어 프리 제도가 정착되어야 한다.

• 누구든지 언제, 어디서나 보고, 듣고, 말하고, 느끼고, 이해하는 문화 향유와 창작의 기회를 제공하고 그 기반을 조성하라.

3) 의제 제안의 배경

- 장애가 있는 사람들의 문화 향유와 참여 욕구가 커지고 있지만, 접근성 미비 · 문화예술인 지원 부족 등으로 문화 권리를 누리는 데 어려움을 겪고 있다

- 문화적 권리는 헌법이 보장하는 국민의 기본 권리다. 헌법 제4조는 '모든 국민은 성별, 종교, 사회 신분, 경제 지위, 신체조건 등에 관계없이 문화 표현과 활동에서 차별을 받지 아니하고 자유롭게 문화를 창조하고 문화 활동에 참여하며 문화를 향유할 권리를 갖는다'고 명시하고 있다.

- 문화체육관광부의 문화향수 실태조사에 따르면 국민들의 예술 행사 관람률은 2012년 69.6%, 2014년 71.3%, 2016년 78.3%로 꾸준히 증가하고 있는 추세다. 예술행사 관람 중 2016년 영화관람률이 73.3%로 가장 높았고, 대중음악 · 연예 관람률이 14.6%, 연극 13%, 미술전시회 12.8%로 나타나고 있다.

  반면, 장애인의 문화예술 행사 참여 실태를 살펴보면 문화예술 행사 참여도는 거의 없다. 최근 1년 동안 한 번도 문화예술활동에 참여한 적이 없는 경우는 무려 97%였다.

  유일하게 영화 관람만이 23.1%로 가장 높게 나타났고 기타 미술전시회, 연극, 문학행사 등의 참여도는 2% 미만에 그친다.

  영화를 관람하는 관객의 수로 비교하면 전 국민의 73.3%가 누리고 있지만 장애인은 13.9%만이 영화를 관람하고 있는 것으로 나타났다. 아울러 전 국민의 영화 관람 횟수는 연평균 3.7회였으나, 장애인은 연평균 1~3회 미만이다.

4) 의제를 통해 새롭게 알게 된 내용과 용어설명

- 배리어 프리(barrier-free)는 장애인 및 고령자 등의 사회적 약자들의 사회생활에 지장이 되는 물리적인 장애물이나 심리적인 장벽을 없애기 위해 실시하는 운동 및 시책을 말한다. 일반적으로 장애인의 시설 이용에 장애가 되는 장벽을 없애는 뜻으로 사용되고 있다.

4. 설문의 내용과 분석

장애인 접촉을 하지 못했다는 대답이 60% 라는 점은 그만큼 지역사회에서 장애인 접근성이 열악하다는 것을 의미한다. 현재 부산시 인구는 약 320만 명이고, 등록장애인 인구는 약 17만 5천 명으로서 전체 인구의 5.45%이다. 따라서, 통계적으로만 본다면 길을 지나다가 하루 100명의 사람을 만난다고 했을 때, 그중 5~6명은 장애인이 되어야 한다. 물론, 겉으로 보았을 때 장애인임을 알 수 없는 신체 내부 장애인이나 발달장애인의 경우도 많지만, 그럼에도 지체나 뇌병변, 혹은 시각장애인의 숫자가 118천여 명임을 고려한다면, 장애인 접촉을 하지 못했다는 60%의 대답은 부산시의 장애인 접근성이 열악하다는 것을 방증한다.

우리 사회에서 장애인이 차별받는다는 질문에 그렇다고 답한 사람들이 무려 92%인 반면, 본인은 장애인에 대해 차별하지 않는다고 대답한 사람은 73%로 나왔다. 이는 자신은 차별하지 않지만, 다른 사람은 차별을 한다는 뜻인데, 그에 부응하듯 실제 내 주변 사람들 중 65%가 차별적 발언을 한다고 대답했다. 이는, 해당 설문에 응답한 사람들이 장애인 인권에 대해 어느 정도 관심을 갖고 있음을 말해주고 있다. 그런 점에서 '우리 정부의 장애인 복지 지출이 부족하다'는 데 그렇다는 대답이 80%가 나왔다는 점에서도 드러난다. 문제는 주변 사람들은 차별 발언을 한다는 점인데, 이는 여전히 한국 사회에 장애인 차별 문제가 해결되지 않고 있다는 것을 의미한다.

특히 장애인과 비장애인이 분리 문제에 대해 92%의 응답자가 함께 살아야 하며 통합교육을 해야 한다고 답했다는 점은 매우 고무적이지만, 정작 이 문제를 해결하기 위한 (물적, 인적, 제도적) 인프라는 턱 없이 부족한 실정이다. 앞으로 이 문제를 보완해야 할 다양한 시도가 필요할 것이다.

요약하자면, 이번 설문 조사에 응답한 사람들의 경우 전반적으로 장애인 인권 문제에 관심을 갖고 있다고 생각된다. 장애인 인식에 대한 본인에 대한 평가는 대체로 높았던 점이 이를 증명한다. 반면, 지인이나 주변에 대한 평가는 상대적으로 낮은 경향성을 줄곧 보였다는 점은 우리 사회에서 여전히 장애인 차별 구조가 만연하다는 것을 보여주는 것이라 하겠다.

5. 설문조사 내용

2022 시민의제사전 의제수집 장애차별인지 감수성 설문조사
- 진행기간 : 2021. 9. 15~2021. 10. 6
- 설문유형 : 단답형 21개
- 응시자 163명
- 설문양식 : Google 설문지(폼)

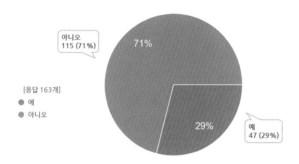

1. 내 가족이나 친지 중 장애인이 있나요?

아니오
115 (71%)

[응답 163개]
● 예
● 아니오

71%

29%

예
47 (29%)

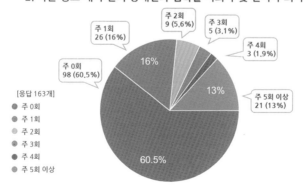

2. 나는 평소 내 주변의 장애인과 접촉할 기회가 몇 번이나 되나요?

주 2회
9 (5.6%)

주 3회
5 (3.1%)

주 1회
26 (16%)

주 4회
3 (1.9%)

주 0회
98 (60.5%)

[응답 163개]
● 주 0회
● 주 1회
● 주 2회
● 주 3회
● 주 4회
● 주 5회 이상

16%

13%

주 5회 이상
21 (13%)

60.5%

3. 장애인이 일상에서 차별 받고 있다고 생각하시나요?

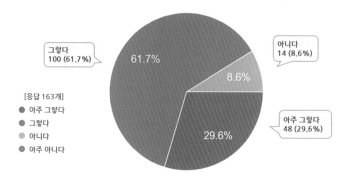

그렇다
100 (61.7%)

아니다
14 (8.6%)

61.7%

8.6%

[응답 163개]
● 아주 그렇다
● 그렇다
● 아니다
● 아주 아니다

아주 그렇다
48 (29.6%)

29.6%

4. 내 주변 사람들은 일상에서 장애인이 차별 받고 있다고 생각할까요?

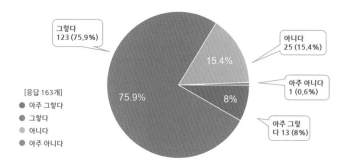

그렇다
123 (75.9%)

아니다
25 (15.4%)

15.4%

아주 아니다
1 (0.6%)

75.9%

8%

[응답 163개]
● 아주 그렇다
● 그렇다
● 아니다
● 아주 아니다

아주 그렇
다 13 (8%)

5. 내가 장애인이라면, 부산에서 살고 싶을까요?

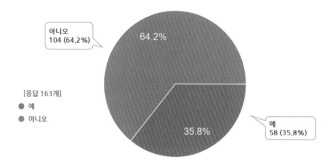

아니오
104 (64.2%)

64.2%

[응답 163개]
● 예
● 아니오

예
58 (35.8%)

35.8%

6. 장애인 복지를 위해 중앙정부나 지방정부가 하는 지출은 충분한가요?

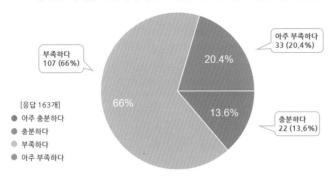

아주 부족하다
33 (20.4%)

부족하다
107 (66%)

충분하다
22 (13.6%)

20.4%

13.6%

66%

[응답 163개]
● 아주 충분하다
● 충분하다
● 부족하다
● 아주 부족하다

7. 내 주변 사람들은 장애인 복지를 위한 중앙정부나 지방정부의 지출이 충분하다고 생각할까요?

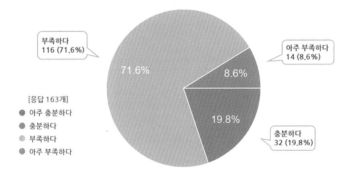

부족하다
116 (71.6%)

아주 부족하다
14 (8.6%)

71.6%

8.6%

19.8%

충분하다
32 (19.8%)

[응답 163개]
● 아주 충분하다
● 충분하다
● 부족하다
● 아주 부족하다

8. 나는 장애인 차별 발언을 하는 편인가요?

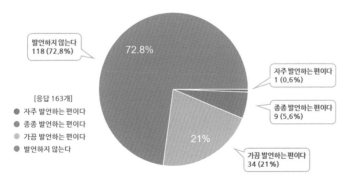

발언하지 않는다
118 (72.8%)

72.8%

자주 발언하는편이다
1 (0.6%)

종종 발언하는편이다
9 (5.6%)

21%

가끔 발언하는편이다
34 (21%)

[응답 163개]
● 자주 발언하는 편이다
● 종종 발언하는 편이다
● 가끔 발언하는 편이다
● 발언하지 않는다

9. 내 주변 사람들은 장애인 차별 발언을 하는 편일까요?

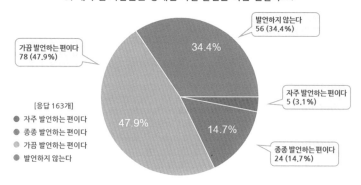

발언하지 않는다
56 (34.4%)

가끔 발언하는 편이다
78 (47.9%)

자주 발언하는 편이다
5 (3.1%)

[응답 163개]
● 자주 발언하는 편이다
● 종종 발언하는 편이다
● 가끔 발언하는 편이다
● 발언하지 않는다

종종 발언하는 편이다
24 (14.7%)

34.4%
47.9%
14.7%

10. 장애인은 비장애인과 분리되어 장애인만을 위한 시설에서 따로 사는 게 좋을까요?

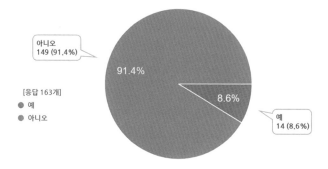

아니오
149 (91.4%)

[응답 163개]
● 예
● 아니오

91.4%
8.6%

예
14 (8.6%)

11. 내 주변 사람들은 장애인이 비장애인과 분리되어 장애인들만을 위한 시설에서 따로 사는게 좋다고 생각할까요?

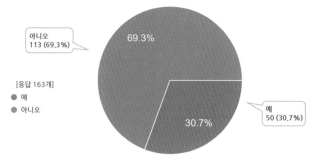

아니오
113 (69.3%)

[응답 163개]
● 예
● 아니오

69.3%
30.7%

예
50 (30.7%)

12. 내 아이가 장애인들과 같은 학교에서 함께 공부하는 것이 괜찮을까요?

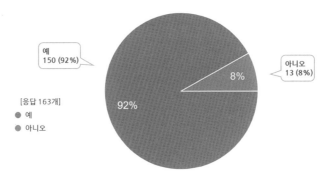

예
150 (92%)

아니오
13 (8%)

8%

[응답 163개]
● 예
● 아니오

92%

13. 장애인이 취직을 해서 당신의 파트너로 일한다면, 당신은 어떠신지요?

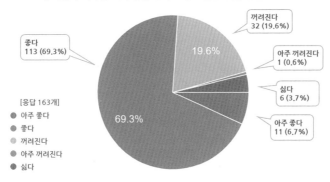

꺼려진다
32 (19.6%)

아주 꺼려진다
1 (0.6%)

싫다
6 (3.7%)

아주 좋다
11 (6.7%)

좋다
113 (69.3%)

19.6%

[응답 163개]
● 아주 좋다
● 좋다
● 꺼려진다
● 아주 꺼려진다
● 싫다

69.3%

14. 장애인이 취직을 해서 당신의 파트너로 일한다면, 당신 주변 사람들은 어떻게 평가할까요?

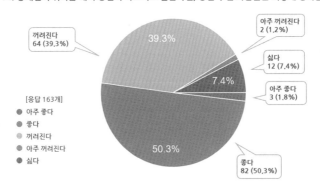

아주 꺼려진다
2 (1.2%)

싫다
12 (7.4%)

아주 좋다
3 (1.8%)

꺼려진다
64 (39.3%)

39.3%

7.4%

[응답 163개]
● 아주 좋다
● 좋다
● 꺼려진다
● 아주 꺼려진다
● 싫다

50.3%

좋다
82 (50.3%)

15. 우리 집 주변에 장애인을 위한 시설이 들어온다면 찬성하나요?

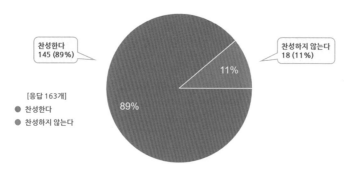

찬성한다
145 (89%)

찬성하지 않는다
18 (11%)

11%

[응답 163개]
● 찬성한다
● 찬성하지 않는다

89%

16. 내 주변 사람들은 집 주변에 장애인을 위한 시설이 들어온다면 찬성할까요?

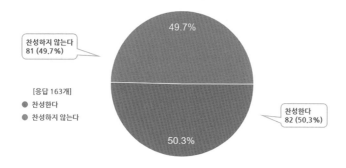

49.7%

찬성하지 않는다
81 (49.7%)

[응답 163개]
● 찬성한다
● 찬성하지 않는다

찬성한다
82 (50.3%)

50.3%

17. 부산은 장애인이 여가를 즐길 수 있는 장소가 많은 편인가요?

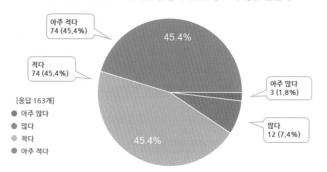

아주 적다
74 (45.4%)

45.4%

적다
74 (45.4%)

아주 많다
3 (1.8%)

[응답 163개]
● 아주 많다
● 많다
● 적다
● 아주 적다

45.4%

많다
12 (7.4%)

18. 주변 사람들은 부산에 장애인이 여가를 즐길 수 있는 장소가 많다고 생각할까요?

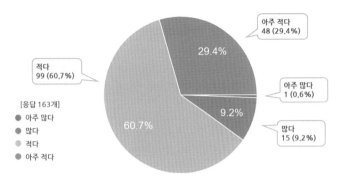

아주 적다
48 (29.4%)

적다
99 (60.7%)

아주 많다
1 (0.6%)

많다
15 (9.2%)

[응답 163개]
● 아주 많다
● 많다
● 적다
● 아주 적다

19. 응답자의 연령대를 체크해주세요

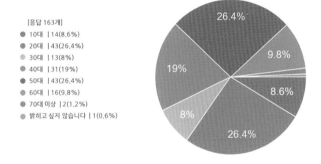

[응답 163개]
● 10대 | 14(8.6%)
● 20대 | 43(26.4%)
● 30대 | 13(8%)
● 40대 | 31(19%)
● 50대 | 43(26.4%)
● 60대 | 16(9.8%)
● 70대 이상 | 2(1.2%)
● 밝히고 싶지 않습니다 | 1(0.6%)

20. 응답자의 성별을 체크해주세요.

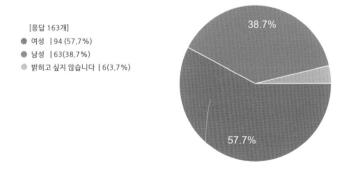

[응답 163개]
● 여성 | 94 (57.7%)
● 남성 | 63(38.7%)
● 밝히고 싶지 않습니다 | 6(3.7%)

21. 응답자가 주로 생활하는 지역은 어디인가요?

[응답 163개]
- 부산 내 | 143(87.7%)
- 부산 외 | 20(12.3%)

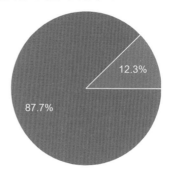

젠더, 차별하지 맙시다

설문지 해석 및 의제 작성 : 이안나

설문 작성 : 김경석, 이도향,정우경

"Men, their right and nothing more:women, their right and nothing less.
남성에게 그들의 권리를, 그리고 그 이상은 안 된다.
여성에게도 그들의 권리를, 그리고 그 이하는 안 된다.
-Susan B. Anthony(1868)

1. 젠더 폭력, 권력 그리고 성평등

A : "젠더 폭력이라는 말, 난 트랜스젠더는 들어봤지만 나는 이게 선뜻 이해가 안 되는데..."

B : "남성과 여성의 불평등한 권력관계 속에서 생기는 폭력을 젠더 폭력이라고 합니다."

C : "제가 좀 거들겠습니다. 우리 사회의 과거 그런 문제들이 심각했던 것은 사실인데 이미 지나간 일이라고 생각해요. 더 이상 없습니다. 이미 우리 사회는 성평등을 넘어서 여성이 오히려 우월적 지위까지 가지 않았나 하는 생각까지 들 정도의 사회가 됐기 때문에."

2017년 9월, 다음 해에 있을 지방선거를 앞두고 여성들의 지지율을 끌어올리기 위해 한 정당이 개최한 토크콘서트에서 당 대표(A)와 혁신위원장(C)이 했던 발언이다. 4년이 지난 지금, 그들의 아니 우리 사회의 성평등 인식은 과연 얼마나 달라졌을까.

'젠더'라는 단어는 '맥도널드'나 '나이키'처럼 우리에게 익숙한 말은 아니다. 누군가는 생전 처음 접하는 생소한 단어일 수도 있다. 하지만 여성정책 혁신을 내걸고 마련한 자리에서 젠더 폭력이 '선뜻 이해가 안 된다'라고 당당하게 고백하는 이가 거대 정당의 대표라면 문제는 달라진다.

경찰청이 발표한 범죄통계에 따르면 2017년 성범죄 발생 건수는 2만 4천1백10건이며, 범죄자의 절대다수는 남성(98%)이고 피해자의 절대다수는 여성(97.8%)이었다. 연인으로부터 폭행·상해를 당했다는 신고는 2017년에만 9천378건에 달했다. 그런 상황에서 젠더 폭력이 무엇인지 이해가 안 된다는 발언은 2016년 '강남역 여성살인사건'에 대한 국민들의 충격과 분노가 이해되지 않는다는 고백처럼 들리기도 한다.

특히 누군가의 '모름'이 권력을 동반하고 있을 경우 문제는 더 심각해진다. 여성학자 정희진은 세상에서 가장 무섭고 해결하기 어려운 권력이 이른바 '몰라도 되는 권력', 즉 '무지할 수 있는 권력'이라고 지적한다. 정치인에게만 해당되는 이야기는 아니다. 실제로 주변 남성들 가운데는 자신이 페미니즘을 모르는 것을 당연하게 여기는 이들이 많은데 정희진은 그 이유를 '그래도 되기 때문'이라고 꿰뚫는다. '몰라도 되는 권력'의 이면에는 주변 사람의 눈치를 보지 않고 '마음대로 말할 수 있는 권력'이 함께 존재한다. 일본의 사상가 우치다 다츠루에 따르면 우리가 무엇을 모르고 있는 이유는 대개 한 가지 이유뿐이다. 게으르거나 나태해서가 아니라 그것에 대해 '알고 싶지 않다는 마음으로 한결같이 노력해 온 결과'가 바로 무지다. '설거지는 하늘이 정해준 여자의 일'이라는 발언으로 질타를 받았던 A는 다행히 올해 대통령 후보 경선에 출마하면서 '설거지뿐만 아니라 지금은 밥도 할 줄 안다'며 여성들의 표심에 호소했다. 더 이상 모르면 안 되겠다는 각성은 이처럼 알고 싶지 않았던 것들에 대해 다시 생각하게 만들기도 한다.

'몰라도 되는 권력'은 법정 의무교육으로 지정된 폭력 예방교육 현장에서도 자주 목격된다. 그동안 공공기관과 기업 등에서 폭력 예방

교육을 진행하면서 가장 많이 들었던 말이 '모든 남자를 가해자(혹은 잠재적 가해자)로 몰지 말라'는 당부(?)다. 괜한 기우다. 폭력 예방교육의 목적은 남성을 비난하는 데 있지 않다. 예방교육은 성희롱·성폭력·가정폭력·성매매가 개인의 문제가 아니라 젠더 불평등에서 발생하는 사회구조적 문제임을 인식하고, 피해자의 입장에 공감하는 감수성을 함양하는데 더 큰 목적을 둔다. 성범죄 판결에서 기준이 되는 '성인지 감수성'은 무조건 여성의 편을 드는 것이 아니라, 기존의 성별 관계에서 자연스럽고 당연하다고 여긴 것들에 대해 새롭게 질문하고 성찰할 수 있는 능력을 뜻한다. 특히 높은 위치에 있는 즉 권력을 가진 사람일수록 다양한 관계 속에서 자신의 눈치를 보는 약자들의 입장과 관점과 언어를 이해하는 능력이 필요하다.

폭력 예방교육 현장에서 두 번째로 많이 듣는 말은 '매년 들어서 다들 알고 있으니 빨리 마쳐 달라'는 요구다. 신기하게도 그런 요구는 고위직 대상 교육일수록 더 자주 받는다. '이미 다 알고 있다'는 말 뒤에는 '더 이상 알고 싶지 않다'는 의지가 내포되어 있다. 반면에 신입이나 사회초년생들의 경우에는 교육에 임하는 자세가 사뭇 다르다. 어떤 말과 행동이 직장 내 성희롱과 성폭력에 해당하는지를 부지런히 질문하고, 신고 및 사건 처리 절차와 징계 수위 등에 대해 구체적으로 알고 싶어 한다. 권력이 없을수록 자신을 지키기 위해 새롭게 알아야 할 것들이 많아지기 때문이다.

사실 '무지' 그 자체는 조롱이나 비판의 대상은 아니다. 우리는 세상 모든 것에 대해 다 알지 못하며 그럴 필요도 없다. 하지만 만약 나의 무지가 누군가의 고통과 두려움을 외면한 데서 출발한다면 알기 위해 노력해야 한다. 이는 민주시민으로서 우리가 갖추어야 하는 기본적 덕목이다. 더욱이 한 사회의 정책을 만들고 추진하는 위치에 있는 이들에게는 스스로에 대한 성찰과 함께 무지에서 벗어나려는 의지가 요구된다. 한 개인이 생각 없이 던지는 말과 행동이 주변 사람들에게 상처와 고통을 주듯이, 성인지 감수성이 결여된 정부(공공기관)의 정책과 사업은 자칫 우리 사회의 차별과 폭력을 정당화하는 기제로 작동될 위험을 상시적으로 안고 있기 때문이다.

그런데 앞서 소개한 토론회 발언 중 더 위험한 것은 C의 발언일지도 모른다. 날이 갈수록 심각해지는 젠더 폭력을 '이미 지나간 일'로 치부해 버리는 태도도 문제지만 우리 사회의 성평등이 이미 달성된 것처럼 간주하는 것은 단순한 무지보다 훨씬 더 위험하다. 남성들이 주장하는 '남성 피해자론', '역차별론', 최근에 등장한 '설거지론', '퐁퐁남' 등의 단어들은 특정 세대, 혹은 특정 정당의 주장이 아니다. 그동안 남성으로서 눈에 보이지 않는 특권을 누려온 이들은 여성들이 외치는 평등을 자신을 향한 부당한 억압으로 오해하기도 한다.

'꼴페미', '페미나치'라는 멸칭과 온갖 비난을 감수하면서도 많은 여성들이 거리와 온라인에서 끊임없이 성평등을 외치는 이유도 여기에 있다. 『백래시』의 저자 수잔 팔루디의 통찰에 따르면 여성주의(페미니즘)에 대한 반격은 "여성들이 완전한 평등을 달성했을 때가 아니라 그럴 가능성이 커졌을 때" 나온다. 백래시는 "여성들이 결승선에 도착하기 한참 전에 여성들을 멈춰 세우는 선제공격"인 셈이다. '해뜨기 전이 가장 어둡다'는 말이 절망이 아닌 희망의 언어일 수 있듯이 날로 심각해지는 여성 혐오는 성평등의 시간이 다가오고 있음을 반증한다. 성평등은 아직은 오지 않은 미래지만 아주 멀리 있는 것도 아니다. 따라서 결승선에 도착하기 위해서 우리는 백래시에 치열하게 맞서며 한참을 더 달려야 한다. 그런데 왜 C를 비롯한 많은 남성들은 성평등이라는 거스를 수 없는 거대한 물결 앞에서 매번 '여성 우월'이라는 카드를 꺼내놓는 것일까?

2. 성평등 의제의 흐름과 쟁점

앞에서 던진 질문에 답하기 위해서는 그동안 우리 사회의 성평등 의제gender equality agenda가 공론장에서 어떻게 진행되었는지를 살펴볼 필요가 있다.

'의제'는 추상적인 개념이 아니다. 각 시대마다 각기 다른 생각을 가진 구성원들이 자신의 주장을 펼치고 경합하고 합의하는 과정을 통해 의제는 새롭게 구성되고 또 변화한다. 각 시기마다 부상하는 다양한 성평등 의제들을 사회 구성원들이 어떻게 이해했으며, 어떤 방식으로 수용 혹은 거부해왔는지를 알아야만 앞으로 나아갈 구체적인 방향과 전략을 가늠할 수 있다. 우리 사회의 성평등이 완료되었다고 생각하는 이유는 먼저 그간의 가시화된 성과물들에서 찾을 수 있다.

1987년 민주화 이후, 우리 사회는 정치 · 경제 · 사회 · 문화 등 모든 영역에서 급격한 변화와 발전을 경험한다. 여성운동 영역도 예외는 아니어서, 그동안 '남녀고용평등법(1987)'을 시작으로 '성폭력특별법'(1994), '여성발전기본법'(1995), '가정폭력특별법'(1998), '남녀차별금지법'(1999) 등 수많은 법령이 제정되었다. 헌법 재판소 전원일치로 군가산점제가 폐지(1999)되었고, 오랜 노력 끝에 가부장제의 상징이었던 호주제가 폐지(2005)된 것도 성평등 운동의 눈부신 성과다. 대통령 직속 여성특별위원회(1988)를 거쳐 여성정책 전담 기구인 여성부가 설립된 지도 벌써 20년이 지났다. 이 모든 것들이 많은 이들로 하여금 젠더 차별은 더 이상 존재하지 않으며 성평등 한 사회가 도래한 것 같은 착각에 빠지게 했을지도 모른다.

하지만 제도의 개혁이 곧바로 실질적인 성평등으로 이어지는 것은 아니다. '여가부 폐지론'과 '여성징병제' 같은 이슈들은 성평등이 사회 구성원들의 삶 속에서 저마다 다르게 해석되고 있었음을 보여준다.

사회적 위기는 항상 성차별을 심화시킨다. 2020년 코로나19가 확산되면서 모두가 힘든 시간을 보내고 있지만 체감하는 고통의 수위와 강도는 같을 수 없다. 주로 서비스 직종과 저소득 직군에 종사해온 여성들의 고용불안은 나날이 심화되고 있다. 이미 여성노동자의 70% 이상이 코로나 이후 가족 돌봄으로 인한 직장 내 불이익을 우려한다. 전 세계적으로 가정폭력이 늘어나고 있다는 보도가 끊이지 않지만 우리 사회는 이와 관련해 정확한 실태조사조차 부재하다. 정책의 대상에서 제외된 '보이지 않는 여성들'에게는 자신의 고통을 호소할 목소리도 주어지지 않는다.

따라서 '성평등을 넘어 여성이 오히려 우월적 지위까지' 왔다고 생각하는 이들을 포함해 우리 모두가 계속해서 질문을 던져야 한다. 2021년 현재, 우리 사회는 과연 성평등 한가?

다시 2017년으로 돌아가 생각해 보자. 교보문고와 예스24가 발표한 '2017년 베스트셀러' 순위 2위는 모두가 알고 있는 『82년생 김지영』이다. 소설로서의 완성도와 작품성을 따져가며 폄하하는 이들도 있지만, 중요한 것은 '김지영'이라는 여성의 삶에 대한 우리 사회의 관심과 깊은 공감이다. 2018년 들불처럼 번진 #Me Too의 물결 속에서 2019년에 재소환된 소설 김지영은 수많은 언어로 번역되었고, 동명의 영화 역시 세계 37개국에 판매되는 쾌거를 거둔다. 미국 시사주간지 〈타임〉은 『82년생 김지영』을 2020년 '올해 꼭 읽어야 하는 책 100'에 선정했다. 그리고 2020년 봄, 또 한 명의 여성이 『김지은입니다』라는 실명으로 우리 앞에 등장한다. "사람들이 나보고 맘충이래"라는 단 한 줄의 문장이 대한민국에서 살아가는 여성의 아픔을 대변했다면, 김지은이라는 이름은 권력과 폭력 앞에서 더 이상 침묵하지 않겠다는 여성들의 분노와 저항의 상징이다. 젠더에 기반한 차별과 폭력은 결코 '지나간 일'이 아니라 '바로, 지금, 여기'의 일이다.

'성별로 기울어진 운동장'은 은유가 아닌 엄연한 현실로 우리 앞에 놓여 있다. 국회의원 등 고위직 공무원 여성 비율만 살펴봐도 운동장의 기울기는 쉽게 확인된다. 2020년 33.3%까지 올라갔던 여성 장관 비율은 21년에 22.2%로 하락했다. 현재 기초자치 단체장 226명 중 여성은 단 8명에 불과하다. 공공기관 및 민간기업 여성관리자 비율 19.8%, 4급 이상 국가직 공무원 16.2%라는 현실 어디에도 여성이 우위라는 증거는 없다. '유리천장지수'는 9년 연속 OECD 꼴찌를 면하지 못했고, 2020년 조사 결과에 따르면 한국의 남녀 임금 격차는 35.9%로 OECD 회원국 중 가장 크다. 남성이 100만 원을 받을 때 여성은 64만 1천 원을 받고 있는 현실은 젠더 차별이라는 단어 말고는 달리 설명할 수 없다. 2006년부터 2018년까지 저출산 해결을 위해 정부가 쏟아부은 예산은 무려 143조 원에 달한다. 하지만 2020년 합계출산율은 0.84명으로 38개국 중 유일하게 0명대를 기록했다.

기울어진 운동장은 가사와 돌봄 노동의 성별 불균형에서 가장 확연히 드러난다. 그동안 여성의 공적 영역으로의 진출은 빠른 속도로 확대된 반면에 남성의 사적 영역으로의 진입은 여전히 막혀 있다. 가사와 양육, 돌봄 노동이 여성에게 전담되는 문화가 바뀌지 않는 한, 여성들은 더 이상 연애나 출산을 선택하지 않을 가능성이 크다. 돈 줄테니 아이를 낳으라는 요구는 경력단절을 두려워하는 여성들에게는 공허하게 들린다. 최근 20~30대 여성들이 중심이 된 '탈연애 선언' 및 '4B(비연애, 비결혼, 비출산, 비성관계)운동'은 여성들이 젠더 불평등을 어떻게 해석하고 있는지를 짐작하게 한다. 제도와 법은 멀리 있고 차별과 폭력은 여성들 눈앞에 있다. '나의 일상은 너의 포르노가 아니다', '나의 자궁은 나의 것', '나는 너다. 우리가 바꾸자' 같은 각종 시위 현장의 구호들은 우리 사회가 시급히 해결해야 하는 성평등 의제의 축약본이라고 할 수 있다. 하지만 성평등 의제는 그것이 아무리 합리적이고 타당한 주장이라고 해도 등장하는 순간부터 끊임없는 저항에 부딪힌다.

페미니즘의 대중화를 뜻하는 2015년 '페미니즘 리부트'를 계기로 성평등 운동은 새로운 양상으로 전개된다. 젊은 여성들은 온라인을 거점으로 젠더 이슈들을 신속하게 공유하고 구체적인 활동으로 이어

간다. 코로나 19로 대면이 힘들어진 상황에서 온라인은 사람들이 관계를 맺고 삶을 이어가는 또 하나의 현실 공간으로 자리 잡았다. 그리고 바로 이 공간에서 성평등을 둘러싼 새로운 충돌과 힘겨루기가 진행되고 있다.

앞서 소개했듯이 일련의 제도적 개혁은 2010년대 이후의 젠더 지형을 급격하게 바꿔놓았다. '생계부양자 남성' 대 '가사양육담당자 여성'이라는 기존의 성역할 관념과 성별 분업이 약화되면서 남성들은 여성을 보호의 대상이나 약자가 아닌 경쟁자로 인식하기 시작한다. 여기에는 신자유주의의 확산도 큰 영향을 미친다. '무한 경쟁', '승자독식', '각자도생'이라는 신자유주의의 기치는 청년들에게 끊임없는 '노~오~력'과 자기 계발을 강요했다. 이 시기에 남성 청년들은 불안한 현재와 불확실한 미래에 대한 공포와 불만을 여성들을 향해 쏟아내기 시작했다. 자신들이 더 이상 기득권자가 아니라는 자각은 피해의식과 억울함으로 포장되었고 분노는 노골적인 여성 혐오의 형태로 표출되었다. 하지만 이미 페미니즘 리부트를 통해 자신의 삶을 해석하고 설명하는 도구로 페미니즘을 체화한 여성 청년들은 '개똥녀', '김치녀', '된장녀'로 대표되는 여성에 대한 비하와 멸시를 '미러링'으로 되받아치기 시작한다.

2015년 'IS보다 무뇌아적 페미니즘이 더 위험하다'는 칼럼에 넷페미들은 '#나는 페미니스트입니다'로 대응했다. 분노한 여성들의 목소리는 2016년 강남역 10번 출구에서 추모와 연대의 목소리와 합류했고, 낙태죄 폐지와 성적 자기 결정권을 확보하기 위한 여성들의 목소리는 2016년 '검은 시위'로 이어졌다. 2017년 '#우리에게는 페미니스트 선생님이 필요합니다'운동, 2018년 '#미투'와 '#위드유' 운동, 역대 최대규모였던 '불법촬영편파수사 규탄시위', 2020년 '디지털성범죄 해결에 관한 국민청원' 등 넷페미들의 활약은 가히 새로운 바람이라고 부르만 하다. 물론 넷페미들이 새로운 운동의 주체로 등장할 수 있었던 것은 그동안 치열하게 싸워왔던 여성들의 헌신과 응원이 있었기에 가능했다. 거인의 어깨 위에서 세상을 바라볼 수 있는 남성들과 달리 여성들은 매번 '맨땅에 헤딩'하면서 새로 시작해야 했다. 하지만 그런 경험과 기억들이 켜켜이 쌓이면서 세대를 넘어 이어지고 있는 것이다. 따라서 법과 제도를 중심으로 진행된 그간의 성평등운동이 무의미하다고 말해서는 안 된다. 다만 성과와 한계는 분명히 진단하고 넘어가야 한다.

우선 '여성발전기본법'을 개정하는 과정에서 여성들의 부단한 노력에도 불구하고 '성평등'이 아닌 '양성평등기본법'(2015)으로 명명하게 된 것은 큰 아쉬움으로 남는다. 명명은 그 문제에 대한 인식을 반영하기 때문이다. 이와 관련해 신경아는 '양성평등'이라는 명명은 여성에 대한 차별에 집중하기보다는 '남성의 불이익도 고려해야 하는 부담과 책임'을 함께 떠안게 되었다고 지적한다. 한 예로 '여성공무원채용목표제'(1996)를 '양성평등채용목표제'(2003)로 전환한 이후, 제도의 실직적 수혜는 남성이 여성에 비해 2배가량 우대받는 결과로 이어졌다. 단순히 남녀의 성비를 똑같게 만드는 것이 평등이라고 해석해서는 안 되는 이유가 여기에 있다. 기울어진 운동장을 바로잡는 일은 더 기울어진 곳에 힘을 싣는 정교한 기획과 부단한 노력이 필요하다. 이와 더불어 배은경은 '양성평등기본법'이 남녀 간의 평등으로만 축소함으로써 계층, 장애, 성적 지향 등 교차적으로 작동하는 다양한 불평등의 문제를 놓쳤다고 분석한다. 이 부분은 현재에도 매우 중요한 성평등 의제 중의 하나다.

남성과 여성 간의 차별만큼 유의미하게 다루어져야 하는 것이 여성들 내부의 차이 및 남성들 사이의 차이다. 같은 여성이라도 계층, 지역, 성적 지향에 따라 다른 삶을 선택하고 경험한다. 여성이라고 해서 무조건 '탈코'를 선택하는 것도 아니고, 탈코를 선택한 이유 또한 제각기 다르다. 그리고 2020년 '숙명여대 트랜스젠더 입학'과 '변희수 하사 강제전역'을 바라보는 여성 진영 내부의 의견 역시 결코 하나로 모아지지 않는다. 누구를 여성으로 볼 것인가, 성평등의 개념을 어디까지 확장할 수 있는가 등등 수많은 논의들이 오갔다.

이는 '세대 담론'이 가진 문제들과도 연결된다. 흔히들 '이대남', '이남자' 등으로 호명하지만 우리 시대의 20대 남자들이 모두 같은 생각과 같은 고민을 하는 것은 아니다. 최근 'GS손가락'과 '숏컷'이라는 단어 밑에 달렸던 수천 개의 댓글들을 모두 20대 남성들의 '안티 페미니즘'으로만 납작하게 해석해서는 안 된다. '여성징병제'에 대한 의견은 여성과 남성의 차이만큼 남성들 내부에서도 세대별로 크게 차이가 난다. '설거지론'만 하더라도 그것을 여성 혐오로만 퉁칠 수 없는 이유는 남성성의 변화와 남성 내부의 불평등이 심화되는 과정에서 발생한 이슈이기 때문이다. 그래서 성평등 의제를 해석하고 읽어내는 것은 복잡하고도 힘든 작업이 된다. 무엇이 정답인지는 아무도 장담할 수 없다. 다행히 긴 논의와 토론 끝에 어떤 합의점을 끌어내는 데 성공한다고 해도 그것이 사회 구성원 모두를 설득할 수 있을지도 의문이다.

결국 우리가 할 수 있는 것은 더 많은 공론장을 열고, 더 자주 만나서 서로의 생각에 귀를 기울이고 치열하게 토론하는 것뿐이다. 지치고 힘든 시간들이지만 그런 시간들이 바로 성평등을 향해 가는 길이기도 하다. 어쩌면 성평등은 영원히 도착할 수 없는 또 하나의 유토피아에 불과한지도 모른다.

우르과이의 대표적 지식인인 에두아르도 갈레아노Eduardo Galeano는 이렇게 노래한다.

"내가 두 발자국 다가서면 유토피아는 두 발자국 물러난다. 내가 열 발자국 다가서면 유토피아는 열 발자국을 멀리 달아난다. 아무리 다가선다 하더라도 절대 유토피아에 다다르지 못할 것이다. 그렇다면 유토피아는 왜 존재하는가? 바로 우리를 전진하게 만들기 때문이다."

성평등 한 사회가 유토피아처럼 멀리 있는지 아니면 바로 앞까지 와 있는지 지금으로서는 알 수 없다. 그것을 확인할 수 있는 유일한 방법은 일단 전진해 보는 것이다. 그리고 그 길은 여성만이 아니라 남성들도 함께 가야 한다. 함께 걸으면 더 멀리 걸을 수 있다.

지금부터 소개할 '젠더차별인지감수성설문조사'는 2021년 여름부터 나락한알이라는 공간에서 만난 다섯 명의 시민이 서로의 생각에 귀를 기울이고 토론한 결과인 동시에 성평등을 향한 전진에 기꺼이 참여한 180명 시민의 목소리다.

3. 강좌 진행 과정과 설문조사 결과 분석

민주시민교육원 나락 한 알에서 기획한 '차별금지 특별강좌 -젠더 차별하지 맙시다'는 장애인 차별, 이주민 차별에 이어 세 번째로 기획되었다.

강좌는 2021년 8월 19일부터 9월 9일까지 4주 동안 매주 목요일에 열렸다. 사전 신청을 통해 강좌에 오신 분들은 다섯 명 남짓한 적은 숫자였지만 열심히 수업에 임하셨고, 설문지 작성에도 적극적으로 참여하셨다. 온라인 설문 조사가 무사히 끝날 수 있었던 것은 참여자들의 관심과 홍보 덕분이다.

총 4회에 걸쳐 진행된 젠더 차별 강좌는 1회부터 3회까지는 혐오표현과 인권, 페미니즘과 성평등, 차이와 차별, 권력에 대한 이해, 성역할 고정관념과 성인지 감수성, 성소수자와 인권, 포괄적 차별금지법 등에 대한 강의로 진행되었다. 마지막 4회는 토론을 통해 직접 설문 문항들을 작성하는 시간이었다.

강사를 포함해 참여자들 대개가 설문지 작성에 익숙지 않은 것을 감안해 기존의 성평등 관련 설문지 문항들을 참고했으며, 참여자들은 그 문항들 중 총 20개의 질문 목록을 선별했다. 참여자들이 만든 20개의 설문 문항에 응답자들의 성별과 연령대, 거주지를 묻는 3개의 문항이 추가되었고, 강사와 나락한알 실무자 2인이 순서와 문장을 정리하여 최종 설문지가 확정되었다. 설문지의 공식 명칭은 [2022 시민의제사전] 의제 수집을 위한 '젠더차별인지감수성 설문조사'로 9월 27일부터 10월 14일까지 온라인(구글폼)을 통해 진행되었고 총 180여

명이 조사에 참여했다.

1) 설문조사 응답자 개요

설문조사에 참여한 180명 중 여성은 110명(61.1%), 남성은 49명(27.2%)이며, 성별을 밝히지 않은 응답자가 21명(11.7%)이다.

응답자들의 연령은 20대가 68명(37.8%)으로 가장 많고, 50대가 48명(26.7%), 40대가 28명(15.6%)이다. 60대 16명, 10대 10명, 30대 6명, 70대도 한 명이 응답했으며, 3명은 연령대를 밝히지 않았다.

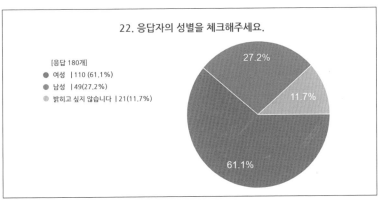

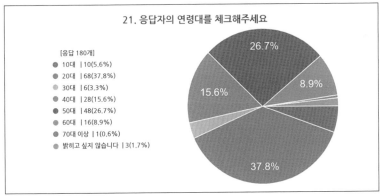

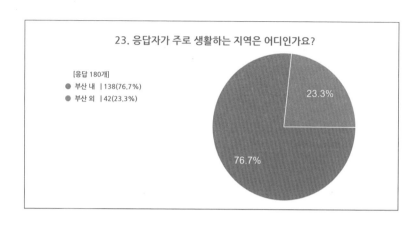

성별로 구분해 보면 여성 응답자 중 10대는 9명, 20대는 38명, 40대가 22명, 50대가 28명, 60대가 10명이다. 즉 여성 응답자의 수는 20대→ 50대 →40대 →60대와 10대 순서이며, 30대 여성은 3명으로 가장 적은 수에 해당한다.

남성 응답자의 경우에는 10대가 1명, 30대는 한 명도 없고 40대가 3명이다. 20대 남성 응답자가 21명으로 가장 많고, 40대가 15명, 60대는 8명이다. 전체 응답자 중 유일한 70대 응답자는 남성이다.

총 180명의 응답자 중 부산에 거주하는 분이 138명(76.7%)으로 대부분을 차지하고, 부산 외 거주자도 42명(23.3%)이 참여했다.

2) 여성차별/남성차별에 대한 전반적인 인식

문항(1) 최근 10년 간 여성이 차별받고 있다고 생각하세요?

전체 응답자 중 '여성이 차별받고 있다'고 응답한 사람은 137명(76.1%)이고, 아니라고 답한 사람은 43명(23.9%)이다.

성별로 살펴보면 여성 응답자 110명 중 '예'라고 답한 사람은 91명

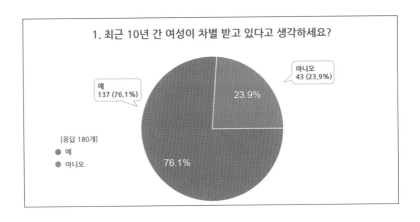

1. 최근 10년 간 여성이 차별 받고 있다고 생각하세요?

예
137 (76.1%)

아니오
43 (23.9%)

23.9%

76.1%

[응답 180개]
● 예
● 아니오

(82.7%)이고, 19명(17.2%)은 '아니오'로 답했다.

남성 응답자 49명 중 '여성이 차별받고 있다'고 응답한 사람은 28명(57.1%)이고, 아니라고 답한 사람은 21명(42.8%)이다.

여성 대다수(82%)가 자신이 차별받고 있다고 인식하는 것에 비해, 남성들은 여성이 차별받는다고 생각하는 확률(57.1%)이 낮은 것으로 드러났다.

문항(2) 최근 10년간 남성이 더 차별받고 있다고 생각하세요?

전체 응답자 180명 중 '남성이 더 차별받고 있다'고 응답한 사람은 28명으로 전체의 15.5%에 해당하며 대부분(84.5%)의 응답자는 '아니오'라고 답했다. 여성 응답자의 경우 절대 다수인 95%가 '아니오'라고 답했다.

전체 남성 응답자 중 '예'라고 응답한 수는 총 15명(30.6%)인데 그중 20대가 9명, 10대가 1명이고 나머지 5명은 50~60대다. 다른 연령대에 비해서는 20대가 상대적으로 많은 수치로 나왔다.

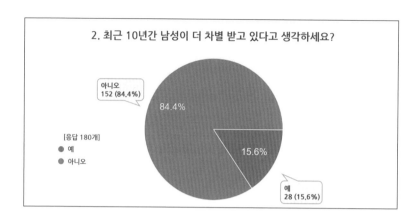

남성 응답자들의 경우 20대가 가장 많고, 최근의 '남성역차별' 담론을 감안할 때 '예'라고 답한 남성의 수가 압도적일 것으로 짐작했지만 예상만큼 높은 수치는 아니다. '아니오'라고 답한 20대 남성도 10명이나 된다. 이는 '이대남'으로 호명된 남성 청년들 간에도 남성차별에 대한 인식이 확연히 나눠진다는 것을 보여준다.

3) 기존의 성별 역할과 의무에 대한 인식

(1)~(2) 번 문항이 차별에 대한 전반적 인식을 진단한다면 (3)~(4)번 문항은 그동안 당연하게 여겨져 왔던 남성의 병력 의무와 여성의 육아 출산 의무에 대한 인식에 해당한다.

문항(3) 남성이 병력 의무로 손해를 본다고 생각하세요?

전체 참여자 중 '예'라고 답한 사람은 119명(66.1%)이고, '아니오'라고 답한 사람은 61명(33.9%)이다.

성별로 보면 여성 110명 중 66명(60%)이 '예'라고 답했고, 44명

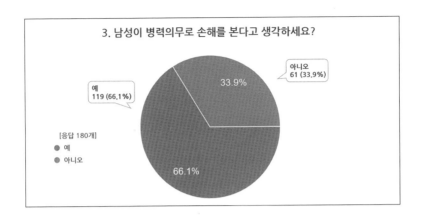

3. 남성이 병력의무로 손해를 본다고 생각하세요?

아니오
61 (33.9%)
33.9%

예
119 (66.1%)

[응답 180개]
● 예
● 아니오

66.1%

(40%)은 '아니오'로 답했다. 남성 49명 중에는 36명(73.4%)이 '손해 본다'고 답했고, 13명(26.5%)은 '아니오'라고 답했다.

문제는 '손해'라는 단어가 너무 포괄적이고 열려 있는 개념이라는 점이다. 누군가는 '약간의 불이익'을 생각하며 응답했을 수도 있고, '차별'로 인식하고 답한 응답자들도 있을 것이다. 그런데 '남성들이 더 차별받는다'는 생각에는 95%에 가까운 여성들이 반대했던 것과 달리 '병력의 의무가 남성들에게 손해'라는 생각에는 여성의 60%가 동의하고 있다.

아들을 군대에 보낸 여성들의 경험이 반영된 결과인가 싶어 '예'라고 답한 여성들의 연령대를 살펴보았는데, 66명 중 40대 이상은 39명, 20~30대가 27명이다. 40대 이상 여성 응답자가 12명 더 많기는 하지만, 응답자들의 결혼 유무와 자녀들의 성비를 알 수 없는 상황이기 때문에 앞에서 했던 예측은 유의미하지 않아 보인다. 대신 같은 연령대 남성이 병력으로 인해 손해 본다고 생각하는 20대 여성이 적지 않음은 의외의 결과다.

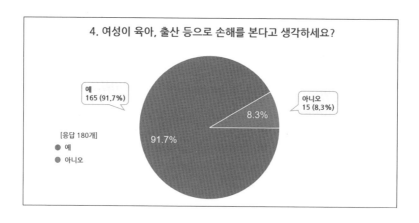

4. 여성이 육아, 출산 등으로 손해를 본다고 생각하세요?

예
165 (91.7%)

아니오
15 (8.3%)

8.3%

[응답 180개]
● 예
● 아니오

91.7%

문항(4) 여성이 육아, 출산 등으로 손해를 본다고 생각하세요?

전체 응답자 중 '예'라고 답한 사람은 165명(91.7%)이고, '아니오'로 답한 사람은 15명(8.3%)이다.

여성응답자 110명 중 103명(93.6%)이 '예'로 답했는데, 이는 전체 응답보다 더 높은 수치다. '아니오'로 답한 여성은 7명(0.06%)뿐이다. 남성 응답자 경우 49명 중 43명(87.7%)이 '예'라고 답했다.

여성 응답자와 비교하면 다소 낮은 수치지만 많은 남성들이 육아와 출산이 여성들에게 불리한 요소로 작용하고 있음에 대체적으로 동의하는 것으로 보인다.

4) 임노동 시장 진입(구직) 과정에서의 여성 차별에 대한 인식

문항(5) 구직활동에서 성별도 스펙이 된다고 생각하세요?

전체 응답자 중 '예'라고 답한 사람은 120명(66.7%)이고, '아니오'라고 응답한 사람은 60명(33.3%)이다.

여성 응답자 110명 중 74명(67.2%)이 '예'라고 답했고, 36명

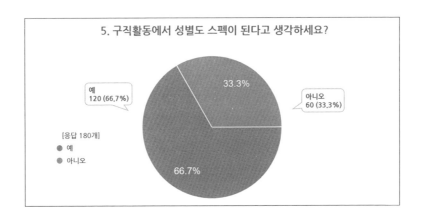

5. 구직활동에서 성별도 스펙이 된다고 생각하세요?

예
120 (66.7%)

33.3%

아니오
60 (33.3%)

[응답 180개]
● 예
● 아니오

66.7%

(32.7%)은 성별은 스펙이 되지 않는다고 답했다. 남성 참여자 49명 중에는 '예'가 28명(57.1%)이고, 21명(42.8%)은 아니라고 답했다.

그런데 현재의 수치만으로는 구체적인 분석이 불가능하다. 애초에 이 문항은 여성이라는 성별이 구직 과정에서 불리하게 작동하고 있음을 전제하고 만들어진 질문이다. 하지만 여성 응답자 중에는 자신의 성별이 유리한 스펙이라고 생각하는 이가 있을 수도 있다. 남성 응답자들의 경우에도 여성이 더 유리하다고 생각하면서 '예'로 답했을 가능성도 있다.

문항(6) 내가 사장이라면 같은 스펙일 경우, 여성보다는 남성을 뽑을 것 같으세요?

전체 응답자 중 130명(72.2%)이 '예'라고 답했고, 50명(27.8%)은 아니라고 답했다. 같은 스펙이라면 굳이 남성을 더 선호하지는 않는다고 짐작할 수 있다.

하지만 성별을 구분해 살펴보면 남녀 응답자의 인식은 차이가 있

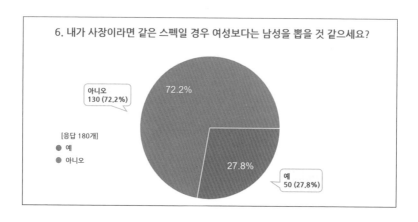

6. 내가 사장이라면 같은 스펙일 경우 여성보다는 남성을 뽑을 것 같으세요?

아니오
130 (72.2%)

72.2%

[응답 180개]
● 예
● 아니오

27.8%

예
50 (27.8%)

다. 여성의 경우 88명(80%)이, 동일 스펙이라면 굳이 남성을 뽑지는 않겠다고 답했다. 반면에 남성 응답자의 수치는 26명(53%)으로 훨씬 낮게 나온다. 이왕이면 남성을 뽑겠다는 남성응답자도 23명(46.9%)으로 거의 절반에 해당한다.

능력주의가 우리 시대의 키워드로 등장했지만 어디까지나 남성들의 능력을 따지는 것이고, 여성들은 그 능력을 발휘할 기회 자체를 얻기 힘들다. 따라서 남성 중심적 조직문화와 남성 생계부양자 모델이 노동현장에서 여전히 힘을 발휘하고 있는 것은 아닌지 고민해볼 필요가 있다.

5) 일 가정 양립과 성차별적 조직문화에 대한 인식

문항(7) 직장 생활(업무)중에 가사로 신경을 쓰거나 지장을 받은 적 있으세요?

문항(7)은 어렵게 노동시장에 진입한 이후에도 가사노동과 양육에 대한 부담 때문에 스트레스를 받고 있는 여성들의 현실을 진단하기

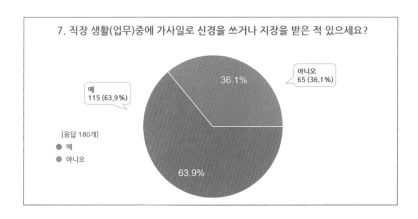

7. 직장 생활(업무)중에 가사일로 신경을 쓰거나 지장을 받은 적 있으세요?

예
115 (63.9%)

아니오
65 (36.1%)

36.1%

63.9%

[응답 180개]
● 예
● 아니오

위한 질문이다. 많은 여성노동자들이 직장에서 퇴근해 다시 집으로 출근한다. 소위 '모성 페널티'로 인해 여성들은 경력단절 및 유리천장이라는 현실적 벽에 직면하게 된다.

전체 응답자 중 115명(63.9%)이 '예'라고 답했고, 65명(36.1%)은 '아니오'라고 답했다. 여성 응답자의 경우 평균보다 더 높은데 110명 중 78명(70%)이 일에 지장을 받은 적이 있다고 답했고, 남성은 25명(51%)이 그렇다고 응답했다.

남성(70.7%)과 비교하면 낮은 수치지만 2021년 현재, 여성 고용률은 51.6%에 이른다. 그러나 여성의 유급노동 진출이 늘어남에도 불구하고 남성의 가사노동 참여는 큰 변화가 없다. 남성 외벌이 가정에서 남성이 가사노동에 쓰는 시간은 53분이고, 여성은 5시간 41분이다. 맞벌이 가정의 경우에도 남성은 겨우 54분을 사용하는 반면에 여성은 3시간 7분을 가사노동에 쓰고 있다.

문항(8) 직장 내에서 외모에 대한 칭찬도 성희롱이 될 수 있다고

생각하세요?

전체 응답자 180명 중 148명(83.2%)이 '예'라고 답했고, 아니라고 답한 사람은 32명(17.8%)이다.

여성 응답자의 경우 '예'는 96명(87.2%)으로 전체 응답보다 높은 수치를 보인다. 남성의 경우에도 37명(75.5%)이 '예'라고 답해, 직장 내 성희롱에 대한 이해도가 남녀 모두 상당히 높음을 알 수 있다.

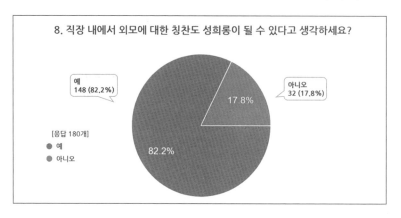

8. 직장 내에서 외모에 대한 칭찬도 성희롱이 될 수 있다고 생각하세요?

예
148 (82.2%)

아니오
32 (17.8%)

17.8%

[응답 180개]
● 예
● 아니오

82.2%

6) 젠더 갈등에 대한 인식

문항(9) 여성이 병역의 의무를 지게 되면 성평등이 이루어진다고 생각하세요?

전체 응답자 중 163명(90.6%)이 '아니오'라고 답했고, 여성의 병력 의무화가 성평등으로 이어진다고 생각하는 경우는 17명(9.4%)밖에 되지 않는다.

여성 응답자 중 95명(86.3%)이 아니라고 답했고, 의외로 남성이 더 높은 수치로 나왔는데 남성 응답자 49명 중 무려 48명(97.9%)이 아니라고 답했다.

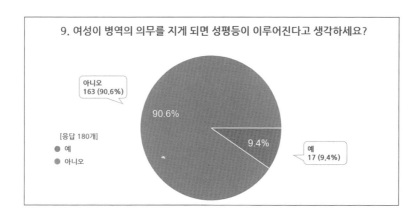

9. 여성이 병역의 의무를 지게 되면 성평등이 이루어진다고 생각하세요?

아니오
163 (90.6%)

[응답 180개]
● 예
● 아니오

90.6%

9.4%

예
17 (9.4%)

2021년 5월, 여성의 병력 의무화를 요구하는 청와대 국민 청원에는 28만 명이 동의했고, 국회 국민 동의 청원도 한달 만에 10만 명을 넘겼다. 물론 '여성도 군대 가야 한다고 생각합니까?'라는 질문과 '여성이 군대 가면 성평등이 이루어진다고 생각합니까?'라는 질문은 엄밀히 따지면 다른 말이다. 하지만 남녀평등을 위해 여성에게도 동등한 의무를 부여하라는 청원 이유를 감안하면 같은 질문이기도 하다. 과연 올해 여름을 뜨겁게 달군 여성 징병 논란은 일부 '남초사이트'와 20대 남성의 표심을 자극하기 위한 정치권의 전략에 지나지 않는지 더 깊은 논의가 필요한 부분이다.

7) 차별금지법에 대한 인식(10~12)

문항(10) 내 가족이나 가까운 친척 중 성소수자가 있나요?

(10)~(12)번은 성소수자 인권과 차별금지법에 대한 인식을 묻는 질문들이다. (10)번 문항에는 전체 180명의 응답자 중 25명(13.9%)이 '예'라고 답했고, 155명(86.1%)이 '아니오'로 답했다.

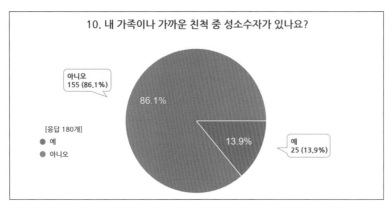

10. 내 가족이나 가까운 친척 중 성소수자가 있나요?

아니오
155 (86.1%)

86.1%

[응답 180개]
● 예
● 아니오

13.9%

예
25 (13.9%)

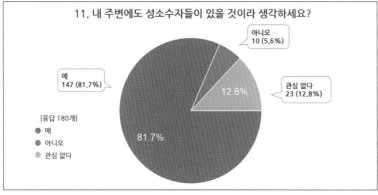

11. 내 주변에도 성소수자들이 있을 것이라 생각하세요?

아니오
10 (5.6%)

예
147 (81.7%)

12.8%

관심 없다
23 (12.8%)

[응답 180개]
● 예
● 아니오
● 관심 없다

81.7%

문항(11) 내 주변에도 성소수자들이 있을 것이라 생각하세요?

전체 응답자 중 '예'라고 대답한 사람은 147명(81.7%), '아니오'는 10명(5.6%) 그리고 '관심없다'고 답한 응답자가 23명(12.8)이다.

눈에 띠는 지표는 '관심 없다'고 답한 여성 응답자는 6명(0.05%)인 반면에, 남성 응답자의 경우 22.4%로 상대적으로 높게 나온 점이다. 그리고 성소수자에게 관심 없다고 답한 11명의 남성 응답자들 중 8명이 20대다.

물론 '관심 없다'는 말이 '싫어한다' 거나 '거부감이 든다'라는 부정적 인식과 곧바로 등치 되는 것은 아니다. 하지만 관심이 없다는 것은 자칫 배제의 폭력으로 이어질 수도 있다. 성소자의 인권은 존재 자체에 대한 인정에서 출발하기 때문이다.

문항(12) 동성결혼 법제화에 대해 어떻게 생각하세요?

동성결혼을 법으로 인정하는 것에 대해 전체 180명의 응답자 중 115명(63.9%)이 동의를 표했다. '동의하지 않는다'는 의견은 27명 (15%)이고, '내가 관여할 일이 아니다'라고 응답한 사람은 29명 (16.1%), '내 가족이 아니면 괜찮다'를 선택한 응답자가 9명(5%)이다.

이 문항은 해석의 여지가 다양하게 열려있다. '내 가족이 아니면 괜찮다'는 응답이 성소수자에 대한 인정과 포용에 가까운지 아니면 또 다른 형태의 배제에 해당하는지는 분명하지 않다. '내가 관여할 일이 아니다'라는 답변은 말 그대로 관심 없다는 뜻일까. 차라리 '내 가족이 동성결혼을 선택한다면 어떻게 하시겠습니까' 혹은 '내 가족이 성전환을 원한다면 어떻게 하시겠습니까'처럼 구체적인 질문이 성소수자에

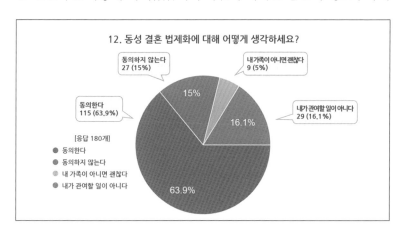

대한 인식에 대해 더 많은 것들을 설명했을지도 모른다.

성별로 구분해보면 남성의 경우 '동의한다'가 22명(44.8%), '동의하지 않는다'가 13명(26.5%), '내가 관여할 일이 아니다' 9명(18.3%), '내 가족이 아니면 괜찮다' 4명(0.08%) 순이다.

여성 응답자의 경우 '동의한다'는 78명(70.9%)으로 남성에 비해 훨씬 높게 나타나는 반면에 '동의하지 않는다'는 12명(10.9%)으로 남성에 비해 낮다. '내가 관여할 일이 아니다'라고 응답한 여성은 17명(15.4%)이다.

8) 성역할 고정관념에 대한 인식(13~15)

문항(13) 남성-여성 다툼이 있을 때 남성이 먼저 사과하는 것이 남자답다고 생각하세요?

전체 180의 응답자 중 '예'라는 답은 11명(6.1%)뿐이고, 169명(93.9%)은 '아니오'라고 응답했다.

남성 응답자 49명 중 5명이 '예'라고 했는데 5명 중 4명은 50대

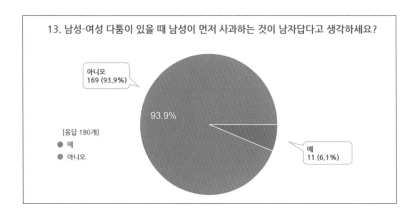

13. 남성-여성 다툼이 있을 때 남성이 먼저 사과하는 것이 남자답다고 생각하세요?

아니오
169 (93.9%)

93.9%

[응답 180개]
● 예
● 아니오

예
11 (6.1%)

~70대이고 한 명이 20대다. 나머지 44명(89.7%)은 모두 '아니오'라고 답했다. 여성 응답자 110명 중에 '예'는 단 1명이고, 나머지 여성 응답자들은 모두 '아니오'라고 답했다.

(13) 번은 강좌 참여자 중 한 분이 진지하게 제안하셨던 문항이다. 여성과 다툼이 있을 때마다 무조건 남자가 먼저 사과하라는 주변의 말이 내내 불편하셨다고 한다. 참여자께서 제기하셨던 문제가 바로 우리 사회의 젠더 박스다. 특히 남성은 마음이 넓고 너그러워야 하며, 여성에게 항상 양보하고 져줘야 한다는 식의 관념을 '맨박스'라고 한다. 그런데 마음이 넓음과 너그러움, 양보하는 마음 등을 누군가는 여성다움의 항목이라고 여긴다. 이처럼 남성다움과 여성다움은 고정된 것이 아니라 시대적 상황과 사회적 맥락에 따라 항상 변화하고 새롭게 구성된다. 중요한 것은 타인이 가진 고유한 성격과 행동양식을 자신이 갖고 있는 잣대에 맞춰 평가하거나 비난해서는 안 된다는 점이다.

문항(14) 가족 중에 환자나 노인을 돌보는 책임은 여성들의 몫이라고 생각하세요?

돌봄 노동이 여성의 일이라고 생각하느냐는 질문에 대한 응답은 놀라울 정도다. 180명의 응답자 중 '예'라고 답한 사람은 3명(1.7%)이고, 177명(98.3%)은 '아니오'라고 답했다.

남성 응답자 49명 중 '예'라고 답한 사람은 1명이고, 여성 응답자 110명은 모두가 '아니오'라고 답했다.

하지만 현실은 응답자들의 인식과 다르다. 보건복지부와 한국보건사회연구원이 2014년에 실시한 노인실태조사에 따르면 노인의 주

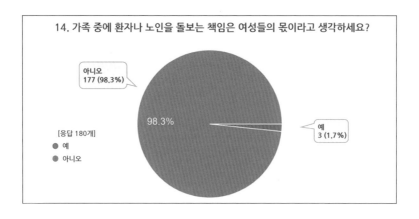

14. 가족 중에 환자나 노인을 돌보는 책임은 여성들의 몫이라고 생각하세요?

아니오
177 (98.3%)

98.3%

[응답 180개]
● 예
● 아니오

예
3 (1.7%)

돌봄자 중 81.0%가 여성(아내, 딸, 며느리)이다. 몸이 불편한 남자 노인의 주돌봄자는 76.5%가 아내지만, 여자 노인의 주 돌봄자는 딸이나 며느리가 44.7%이고, 남편이 담당하는 경우는 11.2%에 불과하다. 이런 상황은 가족 밖에서도 동일하게 벌어진다. 2017년 국민건강보험공단의 노인장기요양보험 통계 연보에 따르면 요양보호사 중 94.9%가 여성이다.

문항(15) 운전이 미숙한 차량을 보며 운전자가 여성일 것이라고 생각한 적 있으세요?

(15)번 문항에 대한 응답은 앞의 두 질문과는 다른 모습을 보인다. 소위 '김여사'라는 고정관념이 얼마나 견고하게 이어지고 있는지 이번 설문에서도 재확인된다.

전체 응답자 중 '예'라고 답한 사람은 74명(41.1%)이고, '아니오'라고 응답한 사람은 106명(58.9%)다.

남성 응답자 중 '예'는 33명(67.3%)고, '아니오'는 16명(32.6%)이

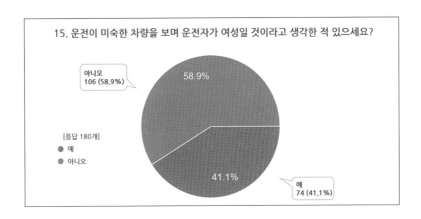

15. 운전이 미숙한 차량을 보며 운전자가 여성일 것이라고 생각한 적 있으세요?

아니오
106 (58.9%)

58.9%

[응답 180개]
● 예
● 아니오

41.1%

예
74 (41.1%)

다. 반대로 여성 응답자 중 '예'는 34명(30.9%)이고, 76명(69%)이 '아니오'라고 응답했다.

많은 여성들이 운전을 하고 있고, 평소 '김여사'라는 말에 불쾌감을 느낀 경험이 많을 것이므로 '아니오'의 비율이 월등히 높을 것이라고 짐작했다. 하지만 예상했던 것만큼 높은 수치는 아니었다. 여성들 중에서도 30.9%는 운전이 미숙한 운전자는 여성일 것이라고 생각하고 있었다.

9) 젠더 폭력에 대한 인식

문항(16) 성매매를 합법화하면 성폭력이 줄어들 것이라고 생각하세요?

(16)번 문항은 기존의 '성매매는 필요악이라고 생각하십니까?' 혹은 '성매매 합법화에 찬성하십니까?'를 변형한 질문이다. 성희롱이나 성폭력, 가정폭력이 심각한 문제임에 쉽게 동의하는 이들도 성매매를 폭력으로 규정하는 것에는 주저하거나 반대하는 경우가 많기 때문이

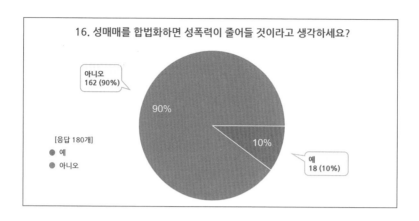

16. 성매매를 합법화하면 성폭력이 줄어들 것이라고 생각하세요?

다. 그래서 이번 조사에서는 성매매와 성폭력의 상관관계를 얼마나 인식하고 있는지를 물었다.

전체 응답자 180명 중 162명(90%)이 아니라고 응답했고, 18명(10%)만이 '예'라고 응답했다.

성별로 구분해보면 여성 응답자들은 5명을 제외한 105명(95.4%)이 아니라고 응답했고, 남성 응답자 중 42명(85.7%)도 성매매를 합법화한다고 해서 성폭력이 줄어들지는 않을 것이라 생각하고 있었다. 단 남성 응답자 중 '예'라고 답한 7명의 응답자들이 20대(6명)와 10대(1명)라는 결과에 대해서는 좀 더 심층적인 분석이 필요해 보인다.

10) 정상가족 이데올로기에 대한 인식

문항(17) 비혼 여성 혹은 비혼 남성이 자녀를 입양해도 된다고 생각하세요?

문항(18) 동성부부의 경우에 자녀를 입양해도 된다고 생각하세요?

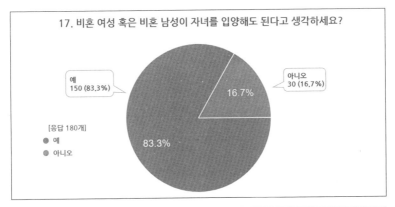

17. 비혼 여성 혹은 비혼 남성이 자녀를 입양해도 된다고 생각하세요?

예
150 (83.3%)

아니오
30 (16.7%)

16.7%

[응답 180개]
● 예
● 아니오

83.3%

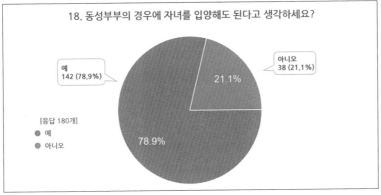

18. 동성부부의 경우에 자녀를 입양해도 된다고 생각하세요?

예
142 (78.9%)

아니오
38 (21.1%)

21.1%

[응답 180개]
● 예
● 아니오

78.9%

위의 두 질문은 혈연과 혼인관계를 중심으로 이뤄지는 정상가족 이데올로기가 얼마나 빠르게 변화하고 있는가를 진단하기 위해 구성했다.

비혼 남/녀의 가족 구성권에 대해 응답자의 78.9%가 동의하는 것으로 나타났고, 동성부부의 가족 구성에 대해서도 83.3%가 동의하는 것으로 드러났다.

실제로 1인 가구의 급격한 증가와 함께 가족 다양성에 대한 우리 사회의 인식은 과거와 달리 상당히 열려 있는 것으로 보인다. 문제는 앞서 나온 12번 문항처럼 만약에 자신의 가족이나 자녀가 비혼인 상태에서 입양을 선택할 때도 지금과 같이 동의할 수 있는가 이다. 과거에 비해 타인의 가족 형태와 구성을 두고 비정상이라고 비난하지 않는 것만으로도 한걸음 진보했다고 긍정적 해석이 가능하지만, 17번 질문에 아니오라고 답한 30명과 18번의 38명이 '예'를 누르기까지는 아직 많은 시간이 필요한지도 모른다.

가족의 모습이 바뀌는 속도만큼 가족을 둘러싼 가치관의 변화도 함께 이루어지기 위해서는 '누구와 함께 살 것인가'에 대한 사회적 공론장이 더 많아져야 한다.

11) 지역의 특성과 젠더 차별에 대한 인식

문항(19) 부산에서 제일 살기 좋은 성별은?

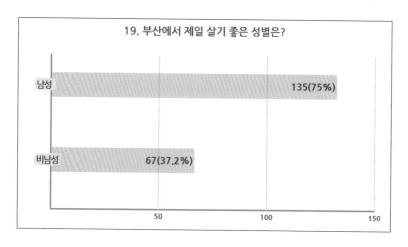

문항(20) 부산에서 가장 살기 좋은 연령대는?

[부산문화다양성실태조사](2019)에 따르면 부산시민은 노인에 대

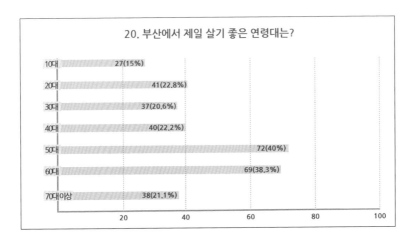

20. 부산에서 제일 살기 좋은 연령대는?

한 인식은 긍정적인 반면에 젊은 층에 대한 편견이 상대적으로 더 높은 것으로 나온다. 업무능력에 따른 성별 인식에 있어서도 남성에 대한 선호가 남아있다고 한다.

(19번)~(20번)은 부산이 '50대 아재들의 도시'라는 세간의 인식이 과연 타당한지를 묻기 위해 의도적으로 삽입한 항목인데, 조사 응답자들로부터 가장 많은 질문과 문제제기를 받은 항목이기도 하다.

부산에서 제일 살기 좋은 연령대에 대한 질문에서 전체 응답자 180명 중 40%는 50대를, 38.3%는 60대를 지목했다. 그리고 부산에서 제일 살기 좋은 성별은 남성이라고 답한 응답자가 135명(75%)으로 나타났다.

두 개의 문항 결과를 거칠게 종합해 보면 이번 조사에서도 역시 '부산에서 제일 살기 좋은 사람'은 '50대 남성'이라는 결론이 나온다. 하지만 실제로 부산의 50대 남성 시민들이 그렇게 느끼고 있는지는 잘 모르겠다. 두 질문 모두 왜 그렇게 생각하는지 구체적인 이유를 묻는 질문들로 이어졌으면 더 좋았을 텐데 단순 응답으로 그쳐버린 것이 가장 아쉬운 문항들이다.

끝으로 앞에서도 언급했듯이 이번 설문조사에 활용된 젠더차별 질문지는 한계를 갖고 있다. 참여자들이 충분히 의견을 개진하고 설문 문항을 다듬을 수 있는 물리적 시간이 턱없이 부족했다. 그럼에도 불구하고 이번 설문 조사가 전혀 의미 없는 것은 아니다. 비록 시간이 촉박한 탓에 기존의 설문지 문항들을 참조할 수밖에 없었지만 다양한 설문지들을 검토하는 과정 자체가 또 다른 배움의 시간이었다. 자신이 공감하는 질문 항목들을 고르고 그것을 자신의 상황과 언어에 맞춰 재구성하는 작업 역시 귀중한 경험일 수 있다.

4. 평등을 위한 의제

'다이내믹 코리아((Dynamic Korea)'는 2002년 월드컵을 앞두고 정부가 국가브랜드로 선정한 홍보문구다. 해방 이후 엄청난 속도로 변화해온 대한민국을 이보다 더 잘 설명해주는 단어는 없을 것 같다. 우리 사회에서는 모든 것이 빠르게 진행되고 변화의 폭도 엄청나다. 공론장에서 진행되는 성평등 정책, 젠더 이슈, 페미니즘에 대한 논의들도 말 그대로 다이내믹하게 등장해 사라진다.

'페미니즘 리부트'가 무슨 뜻인지 채 이해하기도 전에, 촛불시위 현장에서는 평등 집회를 촉구하는 '페미존'이 등장했고, 강남역 10번

출구에 붙은 포스트잇의 물결이 미투라는 거대한 불길로 변하더니 광화문과 혜화역은 여성들의 목소리로 가득 찼다. 드디어 차별과 폭력이 사라진 평등의 시대가 열리나 싶어 기대도 했지만 그런 일은 쉽게 일어나지 않는다. 한결 같이 변하지 않는 것들이 있기 때문이다.

2008년부터 지금까지 한국의 '성격차지수(GGI)'는 한결같이 100위 밖에서 맴돈다. 2020년은 그래도 7계단 상승해 153개국 중 108위를 기록했다.

모든 분야에서 한국이 꼴찌만 하는 것은 아니다. 때로는 최고를 기록하기도 한다. 한국 여성은 2013년 기준 10만 명 당 16.8명이 자살하여 OECD 회원국 중 최고 수준이다. 2017년에는 남녀 모두 OECD 회원국 중 가장 높은 자살률을 기록했다. 한국 여성의 교통사고 사망률도 회원국 중 6번째로 높다. 다행히 유엔개발계획(UNDP)가 2020년 발표한 '성불평등지수(GII)'는 187개국 중 11위로 아시아 최고의 우등생이다. 남녀 임금 격차, 노동시장 직종 격리 및 남녀 간 시간 사용, 가정폭력 등 영역이 제외된 덕분이다.

1) 성인지 감수성에 기반해 여성 시민의 목소리에 귀를 기울여야 한다.

국민 청원 페이지 개설 이래 2019년까지 20만 명 이상의 동의를 얻어 청와대 답변이 이루어진 청원의 40% 이상이 젠더 관련 이슈다. 1만 명 이상 동의를 얻은 청원 중에서도 젠더 이슈는 25%를 차지한다. 이는 최근 몇 년간 우리 사회의 핵심 현안과 국민적 관심이 '젠더' 문제에 있음을 반영한다.

젠더 관련 청원 내용을 주제별로 보면 '여성폭력과 여성 안전'에 대한 청원이 63%로 가장 많다. 그다음이 '돌봄·일 생활균형'에 대한 청원(12%)이고, '여성건강·성·재생산'과 관련된 청원(9%), '평등의식·문화'에 대한 청원(5%), '일자리·노동'(3%) 청원 순이다. 동의를 누른 숫자 역시 여성폭력과 안전 관련 청원이 가장 많았다.

청원 글에는 성매매, 성폭행, 성폭력, 성범죄, 불법 촬영, 무고죄 등이 주요 키워드로 등장하는데 청원의 구체적인 내용은 ①아동 등 약자 대상 성범죄자 엄벌 ②권력층 성범죄 진상규명 ③디지털 성범죄, 교제 폭력 등 새로운 성범죄 근절 등이다

젠더 폭력과 안전 문제에 대해 이렇게 높은 관심과 호응이 있는 이유는 그동안 명백한 힘의 우위에 있는 가해자가 성범죄를 저지를 경우 제대로 처벌받지 않았기 때문이다. 젠더 폭력 해결에서는 '엄벌'만큼이나 중요한 것이 '필벌'의 원칙이다. 몇몇 가해자들의 징계가 높을 때는 남의 일이라고 여기지만, 어떤 종류의 젠더 폭력이든 반드시 처벌된다는 사실이 확인되면 자신의 문제로 인식하기 때문이다.

여성폭력과 안전 관련 청원의 목적은 '형사사건의 올바른 해결'(54.6%)이 가장 많다. 이는 젠더에 기반한 폭력들을 다루는 수사기관과 사법기관에 대한 국민들의 불신이 얼마나 큰지 짐작케 한다. 때로는 국회나 청와대 청원에 올라온 글들이 경찰이나 검찰을 감시하는 기능을 담당하기도 한다. 실제로 디지털 성범죄 대책이나 웹하드 카르텔 근절 대책 등은 해당 부처에서 발 빠르게 해결하기도 한다.

■ 의제 실현을 위한 구체적 요구사항
부산시청 홈페이지 청원 게시판에도 2021년 11월 현재, 총 1646건

의 청원글이 게시되어 있다. 부산시에서도 게시판 내용을 적극적으로 검토하고 시급한 사안을 선별하여 빠른 시간 안에 해결하려 노력해야 한다. 특히 성평등과 관련된 이슈들을 다룰 때는 성차별에 대한 인식이 다를 수 있음을 반드시 고려해야 한다. 국민 청원의 경우, 여성들이 주로 제기하는 이슈 및 요구사항(학교 내 성차별 해소, 취업 채용 시 성차별 해소)은 남성들이 제기하는 내용(성폭력 무고죄 처벌 강화, 남성 징병제 개선)과 상이한 경우가 많다. 따라서 부산시민들의 목소리를 수렴할 때도 논쟁 지형을 면밀히 분석해야 한다.

경찰청도 마찬가지다. 젠더 폭력 사건 수사 과정에서 경찰의 성인지 감수성은 있으면 좋고 없어도 되는 것이 아니라 반드시 갖추어야 할 역량이다. 여성의 전화에서 발간한 〈#경찰이라니 가해자인 줄〉은 성인지 감수성이 결여된 경찰이 데이트 폭력과 가정 폭력, 스토킹 등 젠더 기반 폭력을 처리하는 과정에서 피해자들에게 어떤 영향을 미치는지 잘 설명해준다.

2) 사회적 위기일수록 더 많이 기울어진 운동장부터 정비하고 보수해야 한다.

코로나로 인한 사회적 위기는 여성에게 더 치명적임을 앞에서도 설명한 바 있다. 한국여성정책연구원 보고에 따르면, 2020년 1월 국내에 코로나 확진자가 처음 발생한 1년 간, 남녀 임금 노동자는 29년 대비 10만 8천 명이 감소했다. 그런데 남성(5만 1천 명)보다 여성(5만 7천 명)의 감소폭이 더 많다. 임시직도 마찬가지인데 여성 임시직은 17만 1천 명, 남성 임시직은 14만 2천 명이 줄었다. 일용직의 경우에도 여성은 6만 1천 명, 남성은 4만 명 감소로 불안정한 일자리 중에서도 여성 일자리가 더 많이 사라졌다.

코로나 확산 이후 퇴직한 여성의 46.1%는 회사의 휴업과 폐업, 해고 등으로 일자리가 사라져서 그만둔 경우다. 그런데 자녀와 가족 돌봄 때문에 그만둔 경우도 22.3%나 된다. 퇴직한 여성은 교육서비스업, 도소매업, 숙박음식점업 등 대면 업종에 일하는 비중이 높았고, 재택근무가 불가능한 업무 종사자나, 필수업무에 해당하지 않는 일자리에 종사하는 여성들일수록 더 많이 직장을 잃은 것으로 확인된다.

여성들 중에서도 20대 여성은 다른 연령대에 비해 일자리 변동이 크고 퇴직한 비율도 높았으며, 실업급여 등 고용보험의 사각지대에 있는 여성들 예를 들어 숙박음식점업에서 아르바이트로 생계를 유지하는 여성들의 경우 상황이 더 심각하다.

일자리를 유지하고 있는 여성들이라고 해서 안전한 것은 아니다. 고용주나 사업주의 대부분이 회사 사정이 나빠질수록 여성과 임산부, 육아휴직 사용자를 우선적으로 내보내기 때문이다. 여성들에게 코로나19는 또 한 번의 IMF다. 사회적 격리와 반복되는 휴교는 가족 구성원들을 집 안에 가둔다. 이제 집은 직장인 동시에 학습을 진행해야 하는 학교고, 아이들의 놀이터인 동시에 아픈 환자를 치료하고 돌보는 병원이기도 하다. 코로나가 길어질수록 여성들에 맡겨진 돌봄 노동의 강도는 더 세질 수 밖에 없다.

■ 의제 실현을 위한 구체적 요구사항
코로나 19 이후 심각해지고 있는 성 불평등을 해소하기 위한 기본적인 정책은 정부의 방침에 따라 진행되겠지만 지자체도 손 놓고 있어서는 안 된다.

사회적 거리두기는 안전을 확보할 수 있는 최소한의 거리를 두라는 뜻이지 모든 업무를 중단하라는 뜻은 아님을 공직자일수록 더 잘 이해하고 있다. 공공일자리를 만들 때도 그 일자리가 성별로 균형 있게 배분되고 있는지를 항상 점검해야 한다. 특히 저학력 20대 여성들이 실제 수혜자가 될 수 있는 새로운 일자리를 만들기 위해 머리를 맞대어야 한다. 다른 지자체의 성공적 사례들을 배우고 익히는 것 또한 필요한 작업이다.

성평등 의제의 흐름과 쟁점을 소개하는 과정에서 우리 사회의 저출산 현상과 여성들의 선택에 대해 잠시 언급 바 있다. 지금 필요한 것은 성평등 예산을 앞으로 태어날 아이를 위해서가 아니라 이미 태어나 살고 있는 여성들을 지원하는 방향으로 바꾸는 작업이다. '아이를 낳으라'가 아니라 '아이를 낳고 싶은 사회를 만드는 것'이 먼저다. 더 이상 여성이 차별받지 않고 폭력과 위험에 대한 두려움 없이 살 수 있다는 확신이 들면 여성들도 기꺼이 가족을 만들 것이기 때문이다.

3) 포괄적 차별금지법 제정, 더 이상 미룰 수 없다.

차별금지법은 합리적 이유 없이 성별, 장애, 병력, 나이, 성적 지향성, 출신 국가, 출신 민족, 인종, 피부색, 언어 등을 이유로 고용, 교육 및 직업훈련 등에서 차별받지 않도록 하는 법으로 OECD에 속한 대부분의 국가에는 이와 관련된 법이 존재한다. 때문에 유엔에서도 대한민국 정부를 향해 조속히 '포괄적 차별금지법'을 제정할 것을 13

차례나 권고한 바 있다. 하지만 국회는 매번 '나중에', '시기 상조', '국민적 합의' 등을 핑계로 14년을 끌어오다가 지난 11월 9일, 10만 명의 동의를 얻어 법사위에 회부된 청원 심사기한을 2024년까지 연장하기로 만장일치로 의결해 버렸다. 2013년 여론조사에서는 전체 국민의 59.8%가, 2020년 국민인식조사에서는 전 국민의 89%가 차별금지법 제정에 찬성한 상황에서 더 이상 어떤 '국민적 합의'가 더 필요한가.

물론 차별금지법이 제정된다고 해서 차별이 사라진다는 보장은 없다. 포괄적 차별금지법 제정은 모두의 평등을 향해 가는 첫 발걸음일 뿐이다. 누군가가 장애, 종교, 성적 지향 등을 이유로 고통받는 사회에서는 여성들 또한 결코 자유로울 수 없다.

■ 의제 실현을 위한 구체적 요구사항

그간의 변화에도 불구하고 여전히 사회적 약자인 여성에 대한 혐오표현과 낙인찍기가 진행되고 있다. 이는 명백한 성차별이고 범죄다. 최근에 언론과 포털을 중심으로 유포, 확산되고 있는 '이대남 VS 이대녀', '젠더 전쟁'과 같은 담론들 역시 자본과 권력을 쥔 이들이 약자들을 향한 자신들의 폭력을 은폐하기 위해 조장하고 있는 거짓 현상은 아닌지 점검해볼 필요가 있다. 특히 근거 없는 커뮤니티 발 주장이 빠른 속도로 확대 재생산되는 과정을 지켜보면 소위 '젠더갈등'으로 명명되는 여러 사건들이 실제로는 무차별적인 백래시의 결과임을 알 수 있다. 즉 불분명한 주장이 온라인에 게시되면 남초 커뮤니티에서 이를 가져와서 확산시키고, 언론과 정치권은 '논란'이라는 제목으로 재생산한다. 물론 몇몇 언론사에서는 이런 문제를 해결하기 위해 '젠더 데스크'를 설치하거나 성평등위원회를 설치하는 등 다양한 시도들을 하고 있다. 하지만 현재에도 성별 혐오를 조장하고 갈등을 부추기는 보도가 꾸준히 증가하고 있음을 고려해 볼 때, 언론사 전체에 적용될 수 있는 '젠더 보도 가이드' 제작을 통한 전면적인 변화가 필요하다.

그리고 여성의 인권이 향상되는 것을 남성에 대한 차별로 오해하는 현 상황을 바꾸기 위해서는 무엇보다도 젠더 관점의 '미디어 리터러시' 교육이 절실하다. 젠더 감수성 함량이 미디어 교육의 디폴트가 되어야 하는 것이다. 특히 기존의 미디어 비평에서 벗어나 디지털 시민성의 개발이라는 사회적 화두 안에 젠더 관점을 반영하려는 다각적인 노력이 필요하다. 정부는 새로운 시민성에 대한 고민과 적극적인 정책을 펼쳐야 하며 지역의 현안과 환경에 맞춘 특성화된 교육을 진행하기 위해서는 학교 밖에서 시민교육을 수행하고 있는 시민 단체들에 대한 현실적인 지원이 수반되어야 할 것이다.

IV

부산에 있는
미군 세균실험실을 폐쇄하라

자료제공 : 전위봉(부산항 미군 세균실험실 폐쇄 찬반 부산시 주민투표 추진위 상황실장)

정리 : 김동규

민주시민상은 (사)부산민주항쟁기념사업회가 시상하는 상이다. 민주시민상은 부마민주항쟁의 정신을 계승하고, 우리 사회의 소중한 가치인 민주, 인권, 평화, 통일 등을 실천하고 건강한 공동체 만들기 위해 노력한 단체나 개인을 선정하여 시상한다. 시상은 매년 부마민주항쟁기념일과 연계하여 실시한다. 민주시민상은 1992년 처음 시작되어 올해 30회를 맞았다. 이 책의 4장은 2019년 제28회 민주시민상 수상자로 '감만동8부두 미군부대 세균무기실험실 철거를 위한 남구지역 대책위원회'가 선정되었고, 5장은 2020년 제29회 민주시민상 수상자로 단체부문에 부산여성단체연합이 선정되었다.

1. '감만동 8부두 미군부대 세균무기실험실 철거를 위한 남구지역 대책위' 활동 보고 및 의제[1]

1) 우리의 주장

1. 세균실험실보다 시민의 생명과 안전, 재산의 보호가 우선이다!

예측할 수 없는 광범위한 피해를 산출하는 세균실험실은 시민의 생명 안전 재산보호에 치명적이다.

2. 세균실험실은 인권 침해와 생명권 침해, 국제법 위반행위다!

세균실험과 실험실 운영을 통한 생화학무기 개발은 인간과 생태계 전반에 치명적 피해를 일으키는 대량살상 행위이자, 국제법 위반 행위다.

3. 소파 협정이 주권 위에 군림할 수 없다!

소파 협정을 내세운 세균실험실 운영은 부산 시민과 대한민국 국민의 인권과 생명권 위에 군림할 수 없다. 이는 명백한 주권 침해행위다.

4. 대한민국 정부의 책임감 있는 정치와 지역 차별 없는 정치를 요구한다!

부산은 세균실험실에서 원자력 발전소에 이르기까지 대규모 재단을 일으킬 수 있는 위험 시설을 모두 갖춘 전국 최고의 위험도시risk

---

1. '감만동 8부두 미군부대 세균무기실험실 철거를 위한 남구지역 대책위'는 (사)부산민주항쟁기념사업회가 주관하는 2019년 제28회 민주시민상 수상단체로 선정되어 상을 수상하였다.

city가 되었다. 부산 시민은 재난 앞에서 불안하지 않게 살 권리가 있다. 대한민국 정부는 수도권 외각에 거대 재난 시설을 분산 배치하는 지역차별 정책을 즉각 중단하라.

5. 재난 도시에서 인권과 환경을 생각하는 행복 도시 부산으로!

경기도는 조례를 제정하면서까지 생화학무기 실험에 대한 대비책을 만들었는데, 부산시는 미군의 입장을 앵무새처럼 되풀이하는 일만 하고 있다. 부산시는 미군의 나팔수 역할을 중단하고, 부산 시민의 생명과 안전을 위한 대책을 당장 마련하라.

6. 주권자인 부산시민들이 직접 결정하자.

부산 시민들의 생명과 안전을 위협하는 시설을 폐쇄할지 존치할지의 문제에 대해 나라도 부산시도 관심이 없다. 20만 명에 육박하는 부산시민의 의견을 이렇게 무시한다면, 결국 남은 일은 이 문제를 부산시민들이 직접 결정하는 일뿐이다.

2) 쟁점들

1. 중국과 북한의 공격을 대비한 대한민국의 안보 대비책이냐? 아니면 미국민의 생명과 안전을 보호하면서도 생화학무기로 군사 강국을 유지하려는 자국 중심주의의 일환이냐?

2. 국제법 위반이냐? 아니냐?

생화학무기금지협약生化學武器禁止協約은 핵확산금지조약(NPT),

화학 무기 금지 협약(CWC) 등과 더불어 대량 살상 무기 금지 협약의 하나. 1975년 3월 26일 발효한 국제법상 최초의 특정 대량 살상 무기 금지 조약이며 생물 무기로 사용될 수 있는 박테리아, 바이러스, 독소 등의 개발과 저장, 획득, 비축, 생산, 이전을 철저히 금지하는 내용을 담고 있으며, 각 협상 당사국이 보유하고 있는 생물 무기의 완전 폐기를 목표로 하고 있다. 1987년 한국과 북한이 가입하였다.

https://100.daum.net/encyclopedia/view/196XXXXX06721(발췌 인용)

3. 대한민국 주권 대 소파(SOFA) 협정 사이의 갈등과 충돌

주한미군지위협정(駐韓美軍地位協定, Status Of Forces Agreement)은 약칭으로 한미 SOFA라고 부른다. 미국 군대의 주둔에 필요한 시설과 구역의 제공, 반환, 경비 및 유지를 주 내용으로 한다. 이 협정의 법적 배경은 1948년 서울에서 서명된 '대한민국 대통령과 미합중국 군대사령관 간에 과도기에 시행될 잠정적 군사안전에 관한 행정협정', 1950년 7월의 '주한미국군대의 형사재판권에 관한 대한민국과 미합중국간의 협정', 1952년 5월 14일의 '통합사령부와 경제조정에 관한 협정' 등이다. 1차 협정은 1966년 체결되어 1967년 발효되었고, 1980년대 들어 주한미군에 의한 범죄가 끊이지 않자 이 협정은 개정 논의에 들어가 1991년 1월 4일 개정 서명 후 같은 해 2월 1일 발효되었다. 2000년 12월에 한미간에 2차 개정 협상을 통해 형사재판권에서 미군 피의자 신병인도 시기와 관련하여 살인, 강간 등의 12개 주요 범죄는 한국 검찰이 기소 시 인도하도록 되었다.

협정의 내용 가운데 시설 사용권에 대한 소급 인정과 노무원 해고의 자율성 인정, 형사재판권의 자동포기 등은 대한민국의 권리를 포기하고 있는 대표적 불평등 조항이었다. 특히 형사재판권의 규정을 보면, 주한미군에 전속적 관할권이 있는 경우 한국 정부는 전혀 처벌권이 없으며, 한국 정부에 일차적 권리가 있는 경우에도 포기권 조항의 행사로 재판권 행사는 거의 불가능하게 되어 있었다. 그리고 노무 조항에서도 군사적 요청이라는 명목 하에 노동 3권이 무시되고 합의 의사록, 양해 조항의 규정에 의해 미군 당국은 언제든지 한국 노동자를 해고할 수 있도록 되어 있어 한국 노동법의 적용은 무시되었다.

①개정
1차 개정 : 1980년대 들어서도 주한미군에 의한 범죄가 끊이지 않자 이 협정은 다시 한번 개정 논의에 들어가 1991년 1월 4일 개정 서명 후 같은 해 2월 1일 발효되었다. 이 개정 협정이 형사재판권 자동 포기 조항의 삭제 및 일부 재판권 대상 범죄의 확대 등 불평등 조항의 일부 개선을 담고 있긴 하나 여전히 한국 측의 권리 행사를 원천적으로 막고 있는 불평등 조항은 남아 있었다.

2차 개정 : 1992년 주한미군이 이태원 술집 여종업원 윤금이를 잔혹하게 살해한 사건과 1995년 5월 서울의 충무로 지하철역에서 주한미군들이 집단으로 난동을 부린 사건 등으로 한국민들의 주한미군에 대한 여론이 크게 악화되자 한미 양국은 1995년 11월 2차 개정 협상을 시작했다. 이 협상은 대표적 불평등 조항인 형사재판관할권 문제로 미국 측이 일방적으로 협상 중단을 통보하는 등 우여곡절을 겪었다. 2000년 4월 이태원 술집 여종업원을 살해한 주한미군 매카시 상병이 재판 중 도주하는 사건이 발생하고 같은 해 7월 주한미군이 한강에 독극물을 무단으로 방류한 사건이 연이어 발생하자 미국도 협상 개정에 응하지 않을 수 없게 되어 2000년 12월 28일 한미간에 2차 개정 협상이 타결되었다.

2차 개정 협상의 주요 내용을 보면 형사재판권에서 미군 피의자 신병인도 시기와 관련하여 기존 협정에서는 재판 종결 후 인도하게 되어 있으나 개정 협정에서는 살인·강간·유괴·폭행치사·음주운전치사 등 12개 주요 범죄는 한국 검찰이 기소시 인도하도록 되었다. 또한 살인 혹은 죄질이 나쁜 범죄를 저지른 미군 피의자를 체포했을 때는 미국 측에 신병을 인도하지 않고 계속 구금하게 되었다. 이외에도 환경조항이 신설되어 한국 정부가 미군의 환경오염 사고에 대처할 수 있게 되었고 노무 관련에서도 한국인 노무자들의 쟁의 시 냉각기를 70일에서 45일로 단축하고 정당한 사유 없이 한국인 노무자를 해고할 수 없도록 했다.

②쟁점과 조치

그러나 범죄를 저지른 미군의 신병 인도 시점이 여전히 한국에 불리한 데다 범죄 개념과 관련해 작전 중 일어난 일은 제외하도록 되어 있어 신병 인도를 거부할 수 있는 조항은 그대로 남았다. 2002년 미군이 훈련 중 탱크로 여중생 두 명을 사망하게 한 사건이 발생하자 미군 측은 작전 중에 일어난 사고라고 하면서 가해 미군에게 무죄를 선고했다. 이 사건은 한국민들의 감정을 자극해 최대 규모의 SOFA 개정 시위로 이어져 대통령 선거와 한미 외교에 주요 쟁점으로 부각되었다.

한국 정부는 이 협정의 시행과 관련하여 〈대한민국과 아메리카합중국 간의 상호방위 조약 제4조에 의한 시설과 구역 및 대한민국에서의 합중국 군대의 지위에 관한 협정의 시행에 관한 민사특별법 시행령〉(1980. 2. 4)을 대통령령으로 정하여 시행에 대한 세부 내용을 정한 이래, 2009년 1월 동 협정 시행에 관한 민사특별법을 법률로 제정했고, 2011년 4월에는 동 협정 시행에 관한 형사특별법을 제정했다. 2012년 이명박 정부와 미국 당국은 이 협정에 대한 개정에 합의하고 범죄 피의자인 미군 관계자의 신병을 기소 전에 한국 당국에 인도할 수 있도록 협정 운용을 개정하기로 합의했다.

https://100.daum.net/encyclopedia/view/b19j3739n1 (발췌 인용)

4. 수도권 시민과 지역 시민을 차별하는 행위

리스크(risk)는 위험 중에서도 예측이 불가능하면서도 사건이 터지면 그 피해가 대규모로 발생하는 경우를 가리키는 용어이다. 부산은 세균실험실뿐만 아니라 고리 원자력 발전소까지 갖추고 있어서, 대규모 위험-재난 시설을 두 개나 갖추고 있는 위험 도시(risk city)다. 이런 위험시설이 대부분 서울과 경기와 먼 곳(핵발전소의 위치, 성주의 사드 등)에 배치되는 경우가 많은데, 이는 수도권 시민과 지방의 시민을 차별하는 명백한 차별 행위다.

5. 부산시의 소극적 대처냐 아니면 적법한 대처냐?

소파에 지자체가 개입할 수 없으며, 세균실험실 찬/반 시민투표가 국가사무라는 이유로 부산시가 8부두 세균실험실 문제에 개입할 수 없는 것인지 아닌지의 문제. 그런데 정작 경기도는 조례까지 제정하면서 미군 세균실험 관련 조례를 제정했는데.

3) 세균실험실 관련 국내·외 사건들

①탄저균 배달 사고

2015년 5월 28일(한국, 호주, 캐나다 등 3개국과 미국 내 17개 주 등 모두 51곳이었음이 추가로 확인됨. 이에 대해서는 2015년 6월 3일 로버트 워크 미국방부부장관 발표.

＊화학무기인 사린 신경가스의 경우, 1700t으로 서울 인구의 50%를 사망하게 할 수 있음. 그런데 생물무기로 개발된 탄저균은 단 17㎏으로 동일한 효과를 낼 정도로 치명적.

②민간업체의 위험물 배송

민간 배송업체인 페덱스(FEDEX)를 통해 들여온 탄저균 표본.

③정보의 왜곡과 은폐

지속적인 탄저균 반입에도 불구 최초 반입 시기 등 주요 정보를 왜곡시키고 있다.

2008년 호주와 캐나다의 연구시설에 살아 있는 탄저균 표본을 보내고도 그동안 알리지 않았다는 사실이 추가로 드러남.

2015년 사고 때는 미 국방부가 배달 사고를 인식하고도 곧바로 주한미군과 한국에 통보하지 않고 닷새나 흘려보냄. 일반 시민들도 이용하는 민간 배송 업체인 페덱스가 탄저균 표본이란 위험물질을 어떤 경로로 옮겼는지, 이 과정에서 한국 국민들이 노출됐을 가능성은 없는지에 대해서도 답을 하지 않고 있다.

2015년 5월 29일 탄저균 실험 훈련이 최초라 언급했지만, 탄저균 반입이 최초인지, 새로운 장비로 실험한 훈련이 최초인지를 애매하게 표현하고 있다.

탄저균 최초 도입은 1998년 9월 전 세계 미군기지 중 가장 먼저 주한미군기지에 탄저균 실험시설을 갖추고 백신을 대량 공급한 것을 드러남. 전 세계 미군기지 중 가장 먼저 주한미군기지에 탄저균 실험시설을 갖추고 백신을 대량 공급한다.

한반도 문제에 대응하기 위해 만들어진 것이 아님 : 미군이 전 세계적으로 생화학 공격 대응 능력을 향상하기 위해 한국을 생물학전 현장 '실험실'로 삼고 있었음. "지정학적으로 미국의 자원이 고도로 집중되어 있고, 주둔국(한국)도 우호적이라는 의미가 있다" 특히 "한국에서 설계된 틀은 미군의 아프리카 · 유럽 · 태평양사령부에 적용될 수 있다" 한마디로 말해, 미국이 전세계 미군의 생물학전 대응 체계를 마련하기 위한 실험실로 한국을 선택했다는 것이다.

한국의 군도 정부도 이러한 사실을 알지 못함 : 2013년 10월 '한-미 공동 생물무기 감시 포털(BSP) 구축 협약을 체결, 미군은 탄저균과 같은 위험물질 반입과 실험에 대해서는 한국에 사전에는 물론 사후 통보조차 하지 않았던 것.(한-미 주둔군지위협정(SOFA)에 따라 통보하지 않아도 됨. 현재 협정 9조(통관과 관세)는 "미합중국 군대에 탁송된 군사 화물"에 대해서는 한국 정부가 세관 검사를 하지 않는다."고 명시되어 있음. 이장희 한국외대 법학전문대학원 교수(평화통일시민연대 공동대표)는 "세계 3대 미군 주둔지인 한국·일본·독일 중에 미군 병력 규모·무기체계의 변화, 위험 무기의 반입이 있을 때 사전에 통보하고 협의하지 않는 나라는 우리나라밖에 없다."라고 함.

2009년부터 2015년까지 모두 15차례에 걸쳐 국내 주한미군 부대에 탄저균이 반입되었다는 사실이 드러나자, 주한미군 측은 "더 이상 한국에서 세균실험을 실시하는 일은 없을 것이다"라고 공언함. 그러나 2016년 부산 8부두로 맹독성 물질을 반입하면서 이 약속을 어기고, 심지어 그 이후에도 부산항 8부두로 리신, 포도상구균 톡소이드(병원균의 독성을 제거하고 면역을 발생시키는 능력만 남긴 물질) 등을 반입·실험함. 나아가 2019년과 2020년에는 미군 방위산업체 배틀리 사가 주한미군기지 세균실험실에 근무할 전문 인력을 채용하는 공개 구인광고까지 냄.

미군은 인구 밀집도가 높은 부산을 보호하고 한국을 세균전으로부터 방어기 위해 이런 실험실을 만들었다고 하나, 미국의 실험실은 인구밀도가 극히 낮은 유타주의 사막 한가운데에 실험실이 있음. 그리고 실제 방어용 실험실은 세균 무기 개발을 위한 곳이기도 함.

독성을 제거한 톡소이드 형태로 반입했다고 하나, 독성을 제거한 세균을 굳이 극미량으로 반입할 이유는 없음.

* 주피터 프로그램이란?

이번 사건은 미국의 '주피터 프로그램'의 일환인데, 주피터 프로그램이란 주한미군의 새로운 한반도 생물학전 대응전략임. 2013년 6월부터 '주피터 프로그램' 도입에 착수, 2015년 말 완성을 목표로 실험을 진행.

③부산의 상황

2016년, 부산으로 이전한 주한 미해군 사령부가 8부두에서 군사용 세균실험을 벌임. 그해 봄, 리신과 포도상구균, 보툴리눔Botulinum 등 맹독성 생화학물질 3종이 페덱스 우편을 통해 부산항 8부두로 반입됨.(보툴리눔은 '지구 상에서 가장 강력한 독소'로 불리며 단 1g만으로도 100만 명을 살상할 수 있다고 알려진 물질. 미군 전용 8부두가 위치한 부산 남구에는 28만여 인구가 거주. 8부두 반경 500m 거리에 자리한 감만 1·2동, 우암동, 대연동 등에 주민이 몰려 살며 초·중·고교와 대학교 등 교육시설도 밀집)

④국내·외 사고 사례

조지아공화국 : 미국 정부와 고액 계약을 맺는 100대 방산기업 중하나인 배틀리는 한국 내 주피터 프로그램을 주도, 센터 운영에도 관여. 이 배틀리가 운영하는 해외 미군기지 세균실험(생물무기)에서 2018년에 대형 사고가 발생한 것. 조지아공화국 주둔 미군기지에서 17㎞ 거리에 자리한 생물학 실험실에서 사망자 73명을 낸 안전사고가 일어난 것. 발생 초기 비밀에 부쳐졌던 이 사고는 조지아공화국 전임 안보장관의 양심선언으로 세상에 알려짐. 이 시설에 대한 조사 결과,

곤충을 이용한 생물무기 개발 정황도 드러남.

미국 유타주 : 1968년, 미국 유타주 사막지대에 자리한 미 육군 세균 실험기관인 더그웨이 연구소에서 안전사고가 났을 때, 인근 목장들에선 실험실에서 날아온 포자로 인해 4000여 마리 양이 떼죽음.

스베르들롭스크(현 예카테린부르크) : 1979년 모스크바 동남쪽 1500㎞ 지점에 위치한 작은 공업도시 스베르들롭스크의 군 실험실에서 유출된 탄저균 포자로 약 2개월 동안 수많은 시민이 사망.(군사용 탄저균 실험 중 포자가 공기 중에 유출돼 인구밀집 지역으로 바람을 타고 날아가면서 근처 도자기 공장 직원 등 최소 2000명 이상의 스베르들롭스크 시민들이 사망했다고 당시 연구에 참여한 생물화학자 켄 알리백 박사의 증언이 나옴.)

미국 : 2001년 9·11 테러 직후 당시 미국 의회 건물과 주요 언론사에 탄저균이 묻은 우편물이 도착. 이 사건으로 모두 5명이 사망하고 22명이 감염. 범인은 미군 생물방어연구실험실에서 근무하던 인물.

④경기도 대 부산의 대응 비교

경기도의 경우 : 경기도는 2015년 오산 기지에서 발생한 활성 탄저균 반입 및 노출 사건을 계기로 '경기도 주한미군기지 및 공여구역 환경사고 예방 및 관리 조례'를 제정.(경기도 소재 주한미군과 비상연락체계를 구축, 각종 환경 관련 정보의 공유, 환경오염과 사고 시 상호 통보, 현장 접근, 공동조사, 치유 조치 등에 관한 협력사항 등을 정해둠. 미군 시설에 의한 환경사고로 주민들의 생명·안전·재산·자연환경의 피해가 발생했을 경우 주한미군에 피해 배상을 청구토록

명시)

부산의 경우 : 서명용지를 부산시에 전달했지만 부산시가 거부(이유: 주민투표청구는 법적 효력이 없다.)

부산시의 대답 : 미군은 세균실험을 하지 않는다. 시료 반입도 없었다. 안전하다. 방어용이라는 이야기를 함. (이는 2016년에 미군이 한 말을 반복한 것임.) 그러나 2017년 2019년까지 부산 미군이 보툴리눔 56병이 반입됨을 미군이 스스로 이야기함. 이어지는 부산시의 항의시위와 미군 출근 저지 운동을 하자, 미군이 주민 대상 형식적 설명회를 개최. 여기서 보툴리눔을 반입함을 밝힘. 보툴리눔 1그램으로 100만 명을 살상할 수 있는 무기다. 이는 부산시를 초토화시킬 수 있는 무서운 물질이다. 이런 상황에 부산시는 시민이 아니라 미군을 대변하기 급급하다.

2. 부산항 미군 세균실험실 폐쇄 찬반 부산시 주민투표 추진위(이하 추진위) 활동 과정

• 부산일보 부산항 미군 세균실험실에서 맹독성 샘플 실험이 진행되고 있음을 폭로(2019. 03. 12)

• 부산항 미군 세균실험실 폐쇄 주민투표 추진 결의 (2020.9.1)
  – 350만 부산시민의 힘을 모아 미군 시설을 폐쇄시켜보자는 결의

로 부산시 주민투표를 부산지역 시민사회에 제안하기로 결정했으며, 이를 담당할 추진주체로 〈'부산항 미군 세균실험실 폐쇄' 찬반 부산시 주민투표 추진위원회〉(이하 추진위)를 구성키로 함.

　－ 기본방향은 '15만 명 주민투표 청구 서명을 통해 부산시가 주민투표에 나서게 한다.'는 것으로 잡았으며, 만약 부산시가 주민투표를 거부하더라도 시민주도의 주민투표운동을 진행하며, 이후 조성되는 상황에 따라 판단해 가기로 함.

• 추진위 주민투표 신청(2020.9.18)

• 추진위원회 발족 기자회견 및 1차 대표자회의 진행 (2020.9.28)

• 주민투표 출근 선전활동(2020.10.07)

• 주한미군 세균실험실 매년 세균무기실험샘플 반입 폭로 기자회견 (2020.10.8)

• 미8부두 앞 시위(2020.10.12.)

• 부산시청 로비 항의와 면담 요구(2020.10.12.)

• 시의회 토론회(2020.10.12.)

• 부산시 주민투표 거부 (2020.10.13)

  – 주민투표 추진위가 신청한 미군 세균실험실 폐쇄 찬반 부산시 주민투표 청구인 대표자 증명서 교부 신청에 대해, 부산시는 10월 13

일 답변을 통해 '국가사무'란 이유로 거부함.

• 부산시의 주민투표 절차 거부 규탄 입장 발표 기자회견
(2020.10.14)
  – 부산시의 결정을 규탄하면서, 자체 주민투표 절차에 돌입할 것
을 천명.

• 15만 주민투표 요구 서명 돌입 기자회견 (2020.10.19)

  – 자체의 주민투표 요구 서명을 하기로 결정하고, 15만 명 서명을
받기로 함.
  (15만 명 숫자는 부산시 유권자 수인 292만 6천여 명의 20분의 1
을 넘는 것으로, 공식 주민투표 절차가 승인됐다면, 관련법상 투표 요
구 서명 인원을 충족하는 숫자) 2021년 1월 27일 종료하기로 결정(선
거 60일 이전에 서명운동을 할 수 없기 때문에)

• 남구 주민대회(2020.10.24)

• 진구 추진위 활동(2020.10.28.)

• 부산시민공원 집중 선전전(2020.10.31.)

• 부산항 제8부두 차량 시위(2020. 11. 21)

• 2020 부산민주언론상 MBC 이두원 기자 수상(세균실험실 이슈 보도, 2020.12.08)

• 온라인 서명 개통 (2020.12.19)

– 코로나19로 대면 활동이 어려워진 조건에서 온라인 서명을 병행하기로 결정.

– busanvoteon.com 서명 공간 마련.

• 조 바이든 공개 서한 국제 우편 발송(2020.12.22)

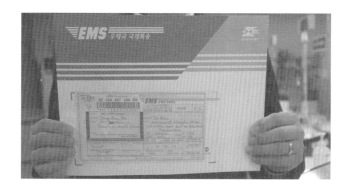

• 조 바이든 공개 서한 기자회견(2020.12.23.)

• 〈크리스마스 이브 1만 서명의 기적〉사업 진행 (2020.12.24)

 – 12월 24일 오전 10시~저녁 10시까지 진행.

 – 각 추진위들에서 지인 10명에게 서명 독려 sns 메시지 보내기
   에 동참.

 – 하루 5천여 명이 서명에 참가했으며, 이후 각 추진위 체계가 활
성화되고, 여러 온라인 공간에 내용이 확산되는 데 기여함.

 – 12월 24일 35039였던 것이 25일 45816명이 됨. 15만 명 달성의
돌파구가 됨.

• 부산시의 주민투표 거부에 대해 행정소송 청구 (2020.12.28.)

　– 부산민변과 협의를 통해 행정소송을 검토했으며, 주민투표 절차를 거부한 부산시를 상대로 행정소송 진행하기로 하고 기자회견 개최.

　– 기자회견 후 당일 전자소송 방식으로 청구.

　– 사건번호 : 부산지법 20구합 25886

• 서명 5만 명 달성 (서명 시작 71일째 2020.12.28.)

• 아파트 협조 요청 본격 진행 (2020.12.30~31)

　– 이틀 만에 138개 아파트 단지, 81,122세대 서명 봉투 투입 협의.

• 서명 10만 명 달성 (서명 시작 86일째 2021.1.12)

• 미군세균실험실 폐쇄 주민투표 요구서명 10만 명 달성에 즈음한 중간발표 기자회견 (2021.1.14. 목 오후 2시, 부산항 미군 8부두 앞 남구 감만동)

　－ 누구도 쉽지 않다고 생각했던 15만 명 서명이 10만 명에 다다르면서 '해 낼 수 있다'는 자신감으로 바뀌던 시기에 진행.

　－ 이 즈음에 추진위의 입장을 미군과 부산시에 명확히 천명하는 게 필요했으며, 15만 달성을 위해 부산시민이 더 나서 주실 것을 호소하는 대시민 호소문을 발표함.

　• 온천천 주민투표 서명활동(2021.01.17)

　• 청소년 선언 기자회견(2021.01.20)

• 서명 15만 명 달성 (2021.1.21. 11시 49분)

− 1월 22일 159448명/ 23일 166710/ 24일 173384/ 25일 178299/ 26일 183263/ 27일 187725/ 2021년 1월 28일 196190명 돌파 이후 최종 197747명의 서명을 달성

• 서명 달성 기자회견(2021. 01. 28 목 오후 2시 부산 시청 앞): 1700명 남짓 수임인들이 서명운동 독려에 참석)

• 미대사관 앞 기자회견(2021.02.02)

• 시청 로비 기자회견(2021.02.05)

• 온라인 보고 대회(2021.2.6. 토요일 오후 3시, 부산시청 로비)

- 기다림광장(2021.02.11)

- 미군 세균실험실 폐쇄 부산시청 기자회견(2021.02.15)

손이헌 대표 인터뷰 내용(2021년 2월 15일)

2020년 10월 19일 주민투표 청구인 서명운동 시작, 초기 목표는 15만 명이었으나, 19만 명을 넘은 시민의 서명을 받음.

서명용지 부산시 전달을 부산시가 거부(이유: 주민투표청구는 법적 효력이 없다.) 2월 5일부터 추진위원들, 학생, 청소년, 시민들이 시청 1층에 서명을 받아줄 때까지 기다리기로 함. 부산시청 1층을 '기다림의 광장'으로 명명. 차가운 바닥에서 11일을 밤새 기다리고 있다.

- 수임인대회(2021. 02. 17.)

- 부산시장 후보 질의 결과발표(2021. 03. 16.)

- 기다림광장 정리 입장발표 회견(2021. 05. 10.)
  – 최종 서명 197,747명 달성

3. 부산항 미군 세균실험실 폐쇄 찬반 부산시 주민투표 추진위와 박형준 부산시장과의 면담 결과에 대한 입장 발표

'부산항 미군 세균실험실 폐쇄 찬반 부산시 주민투표 추진위(이하 추진위)'는 '주민투표 실시'에 대한 부산시의 책임 있는 입장을 요구하며 197,747명 서명 용지와 함께 부산시청 로비에서 95일을 기다려 왔으며, 지난 5월 7일(금) 오후 4시 30분에 진행한 박형준 부산시장과의 면담에 대한 입장을 밝힙니다.

다들 아시다시피 2016년 5월, 주피터 프로그램이라는 미군 세균실험시설이 부산항 8부두에 설치된다는 사실이 처음 알려졌습니다.

당시 부산시민사회는 이에 강력히 반대하면서 부산시의 책임 있는 조치를 요구했지만, 시는 "이미 검증된 장비라 실험을 할 필요가 없고, 실험이 필요 없으니 샘플 반입도 없다"는 요지의 주한미군 주장을 그대로 앵무새처럼 옮겨 발표했습니다.

그러나 2019년 12월 20일, 주한미군이 요식행위로 개최한 설명회 자리에서 담당자가 샘플 반입이 있었음을 자백하면서 그동안 부산시민을 철저히 기만하고 속여왔다는 것이 만천하에 드러났습니다. 하지만 이에 대해 부산시와 주한미군은 그 흔한 사과 한마디 하지 않았습니다.

이에 부산시민사회는 '믿을 것은 350만 부산시민밖에 없으며, 부산시민이 모두 주인이 되어 직접 폐쇄 여부를 결정해 이 문제를 해결하자'는 취지로 '부산항 미군 세균실험실 폐쇄 찬반 부산시 주민투표 요구 서명'에 돌입했고, 강추위와 코로나 정국의 어려움을 뚫고 불과 100여 일만에 197,747명의 서명을 받아냈습니다.

이 결과는 주한미군에게는 '부산 도심 한 복판에 위험천만한 세균실험실을 두고 운용하는 것을 더 이상 용납하지 않겠다.'는 준엄한 경고였고, 수수방관하고 있는 부산시에게는 '시민의 생명과 안전을 지키기 위한 주민투표를 즉각 실시하라'는 강력한 명령이었습니다.

하지만 92일이라는 긴 시간을 기다려서야 마련된 면담 자리에서 박형준 부산시장은 '주민투표는 현행법 상 불가'하고, '행정소송 결과를 기다리겠다.'면서, 세균실험실이 존재하는지는 '주한미군이 없다고 하는데 알 수 없다.'는 식의 주장만 되풀이하면서, 부산시장 스스로 펼칠 수 있는 책임 있는 조치와 행동에 대해서는 단 한마디도 하지 않았습니다.

주한미군과 법원 뒤에 숨어버린 것입니다.

추진위는 이번 면담을 통해 '부산시가 미군 세균실험실 문제를 해결할 의지도 능력도 없다는 것'을 똑똑히 확인했습니다.

우리는 미군의 앵무새 역할만 하고 있는 무능하고 무책임한 부산시에게 더 이상 기대할 것이 없습니다. 주민투표를 기다려 왔던 것을 멈추고, 시민들이 직접 미군 세균실험실을 폐쇄시키는 길로 나아가겠다는 결론입니다.

지금 시청 로비 기다림에 광장에는 부산시가 발급한 퇴거명령서가 여전히 부착돼 있습니다. 만약 주민투표가 열려 폐쇄결정이 났다면 미군 세균실험실에 보내졌어야 할 부산시장 명의의 퇴거명령서입니다. 우리는 부산시장이 하지 않으니 부산시민의 이름으로 반드시 퇴거명령서를 미군 세균실험실에 보낼 것입니다.

또한 부산항 미군세균실험실 문제를 야기한 이들에게 그 책임을 따져 물을 것이며, 그것이 주한미군 사령관이든 국방부든 가리지 않고 상대할 것입니다. 이 문제가 부산을 넘어 전국의 문제가 되어 대선에서 중요한 쟁점이 될 수 있도록 미군 세균실험실이 존재하는 타 지역과의 연대도 더욱 강화해 나갈 것입니다.

추진위는 부산항 미군 세균실험실 폐쇄 주민투표를 추진하며 다른 그 누구를 믿지 않았습니다. 오직 부산시민의 힘을 모아 싸울 때만이 이 문제 해결이 가능하다는 믿음을 가졌습니다.

오늘 우리는 100일 가까운 기다림의 시간을 정리하지만, 이것은 새로운 시작이 될 것입니다. 부산시민의 힘을 더욱 깊고 넓게 모아 반드시 미군 세균실험실을 폐쇄시키고, 이 땅의 주인은 부산시민이라는 사실을 똑똑히 증명해 내겠습니다.

V

부산을 바꾸는 성평등 정책
7대 정책 26개 과제

작성 : 부산여성단체연합

* 본 내용은 부산여성단체연합이 2021년 3.8 세계여성의 날에 발표한
'부산을 바꾸는 성평등 정책'을 요약 정리한 것임.

부산을 바꾸는 성평등 7대 정책 26개 과제 개괄

'부산대개조'는 민선 7기의 핵심 공약으로 단절된 공간은 잇고 노후화된 지역은 활성화하며 쇠퇴한 도시에서 혁신적 도시로 탈바꿈하기 위한 프로젝트이다. 그러나 민선 7기의 수장인 부산광역시장은 전형적인 권력형 성폭력 사건을 일으키면서 부산을 20세기 이전의 도시로 후퇴시키고 도시의 품격을 떨어뜨렸으며 부산시민의 긍지와 자부심을 무너뜨렸다.

다시는 이 같은 잘못이 되풀이되지 않아야 한다. 이번 사건은 성평등 한 세상을 꿈꾸는 도시의 비전을 만들어가야 함을 알리는 경종이다. 이에 부산여성단체연합은 진정한 의미의 성평등 실현을 위해서 부산을 혁신적인 성평등 도시로 바꾸는 '부산대개조'가 필요함을 선언한다. 이에 부산여성단체연합은 성평등 부산을 실현하기 위한 7대 정책 27개 공약을 제시하는 바이다.

부산여성단체연합이 제시하는 부산을 바꾸는 성평등 정책 및 공약은 다음과 같다.

정책 1. 성평등 추진체계 - 성평등정책 실현을 위한 성평등 추진체계의 완성!

공약 1) 부산시 성평등 추진체계 구축

공약 2) 성차별 NO! 성평등 옴부즈맨[1] 제도 실시

---

1. 옴부즈맨은 '대리인, 변호인, 호민관'이란 뜻을 가진 스웨덴어이다. 행정부가 강화되고 행정기능이 전문화되는 자본주의 국가의 추세에 대해 행정부의 독주를 막고자 고안된 제도이다. 옴부즈맨은 입법부에 의해 임명되나 그 직무수행에 있어서 직접 감독을 받지 않으며 독립적 위치와 높

정책 2. 여성노동 -여성의 일할 권리 보장 및 채용 성차별 전면 해소!

공약 3) 생애주기별 여성고용안전 기본계획 수립

공약 4) 성별 임금격차 해소 마스터플랜 실시

공약 5) 성평등 노동정책 총괄팀 구성

정책 3. 여성안전과 권익 - 여성폭력으로부터 자유로운 도시 부산, 안전한 도시 부산!

공약 6) 동남권 디지털 성범죄 종합대응센터 설립

공약 7) 공공기관 성희롱 성폭력 근절 추진체계 완성

공약 8) 부산 성착취 집결지 폐쇄 및 여성인권 공간 조성

공약 9) 데이트 폭력/스토킹 폭력 등 여성폭력 사각지대 해소

공약 10) 이주여성 코로나 특별 대응 정책 실시

정책 4. 여성공간-여성공간 확보를 통한 생활 속 성평등 의제 실현!

공약 11) 부산여성플라자 건립

공약 12) 부산성평등활동지원센터 건립

공약 13) 청년여성문화예술센터 건립

정책 5. 가족/주거/돌봄 - 여성의 가족구성과 돌봄, 주거권 확립!

은 신분이 보장되는 일종의 행정감찰관으로서 시민이 제소하는 사안에 대해 조사하고 처리한다. 그러나 옴부즈맨은 법원과 달리, 행정기관의 결정을 직접 취소하거나 무효로 만들 수 없다는 점에서 그 권한이 제약이 있다. 이 제도는 1809년 스웨덴에서 입법화된 이래 핀란드, 노르웨이, 네덜란드, 뉴질랜드 등에 파급되었고 다른 나라에서도 부분적으로 채택되었다. 국내에선 언론사들이 이 제도를 도입, 독자들의 의견을 신문제작에 반영하고 있으며 '기업 옴부즈맨 제도'도 바로 이 같은 옴부즈맨 제도의 장점을 활용, 기업이 행정기관으로부터 부당한 처우와 조치를 당했을 때 기업의 권익을 보호하려는 취지이다. https://100.daum.net/encyclopedia/view/31XXXXX10852

공약 14) 다양한 가족지원 확대

공약 15) 필수 돌봄 일자리 공공전환

공약 16) 여성주거 안정화 – 보증금, 임차료 지원 정책 실시

공약 17) 여성 1인 안심홈 + 안전취약 건축물 셉티드(CPTED) 집수리 비용 지원[2]

공약 18) 여성 세어하우스 및 여성안심주택

정책 6. 다양한 여성 주체 – 여성장애인, 여성 청년, 여성청소년 정책 사각지대 해소!

공약 19) 부산여성장애인종합지원센터 설립

공약 20) 여성장애인 폭력 피해자 지원 확대

공약 21) 여성장애인 교육원 및 교육 접근성 확보

공약 22) 여성 청년 심리상담지원사업 실시

공약 23) 여성청소년 안심 생리대 무상 지원 전면 실시

정책 7. 문화/예술/교육 – 문화, 예술 교육 전반에 걸친 성평등의 실질적 실현!

공약 24) 부산문화예술 성평등 조례 제정 및 성평등 문화정책 기본계획 수립

공약 25) 여성문화콘텐츠 발굴 및 여성문화예술인 양성 촉진 지원

---

2. CPTEDL란, 구도심, 좁고 어두운 골목길, 낡고 칙칙한 담장, 방치된 공터 등 취약 지역의 디자인을 개선해 범행 기회를 심리적 · 물리적으로 차단하고 지역 주민에게 심리적 안전감을 주는 범죄 예방 환경 디자인(Crime Prevention Through Environmental Design)을 말한다. 범죄는 치밀한 계획하에 저질러지기보다 물리적인 환경에 따라 발생 빈도가 달라진다는 가정에서 출발한 개념으로, 셉테드는 환경 설계를 통해 범죄를 사전에 예방할 수 있다고 본다. https://100.daum.net/encyclopedia/view/54XX34300150

공약 26) 페미니즘, 성평등 교육 정규화

1. 공약 1 - 부산시 성평등정책 추진체계 구축

1) 목적
• 여성과 남성이 평등한 부산에서 행복하게 살고 싶은 부산형 성평등 정책 추진체계 구축
• 좋은 일자리와 성평등 한 노동문화 정착으로 살고 싶은 부산 만들기

2) 정책 내용
① 성평등 추진체계를 위한 조직 개편
• 여성 공감!! 여성이 행복한 성평등부산!!을 만들기 위해 부산광역시의 전반적인 성평등정책을 수립하고 총괄할 수 있는 조직개편이 절실함.
• 부산시 성평등 정책을 수립·총괄하고 추진할 수 있는 의사결정권이 있는 조직으로서 현 여성가족국과 별도로 부산광역시장 직속 성평등정책관(가칭)의 신설이 필요함.
• 부산광역시장 직속 성평등 정책관의 업무는 성평등 관련 제반 정책의 수립과 총괄, 성차별개선, 성평등 노동정책 수립, 성주류화 정책 강화, 성희롱·성폭력방지 정책의 수립·점검 , 그리고 부산시와 그 소속기관 및 산하단체 내 성평등 정책 및 성평등문화 조성 및 확산, 16개 구·군 성평등정책기구와 소통·협업 등임.

• 부산광역시장 직속 성평등정책관(가칭)은 성평등정책기획팀. 성평등소통팀, 성평등노동팀 등 1관 3팀 9팀원으로 행정기구를 개편.

• 동시에 부산시 시의회, 전문가, 시민사회단체로 구성된 성평등정책 거버넌스 구축과 협업을 수행함.

② 성평등 부시장 및 여성 특보 임명

• 행정부시장을 성인지적 관점이 있는 여성부시장으로 임명함.

• 부산광역시장 비서실 소속 여성 특별보좌관 제도 신설

• 부산시의 주요 사업을 성인지적 관점에서 사전 검토 및 조정하고 평가를 거쳐 성평등지표를 개발·관리

• 부시장 이상 방침서 협조 결재 및 이행 점검−협조 결재 의무화

• 시 주요 사업 자문 및 협의

• 4급 이상 간부 성인지 감수성 강화 교육

• 부산시 성희롱·성폭력 전담기구 총괄·관리 및 감독

3) 현황 및 문제점

• 문재인 정부는 '실질적 성평등사회 실현'을 위해 2018년 미투 운동 이후 영역별 성차별적 구조 및 문화 개선 그리고 성희롱·성폭력 방지를 지속적·체계적으로 추진하기 위해 교육부를 비롯한 8개 부처에 성평등정책 전문전담인력인 양성평등정책관을 신설하여 성평등정책 추진체계를 강화시킴.

• 하지만 안희정 전 충남도지사, 박원순 전 서울특별시장, 오거돈 전 부산광역시장 등의 성폭력사건은 각 지방자치단체의 성평등정책

실현, 성차별 구조개선 및 성희롱 · 성폭력방지정책의 성평등정책 추진체계의 부재와 기존 제도의 실효성에 의문을 제기함.

• 부산광역시는 오거돈 전 시장 성폭력 사건을 단순한 성폭력사건이 아니라 부산광역시의 성평등정책 추진 의지와 성평등하지 못한 조직문화의 관점에서 접근을 해야 함.

• 여성 공감!! 여성이 행복한 성평등 부산!!을 만들기 위해 부산시의 성평등정책을 총괄하고 16개 구 · 군 성평등정책기구와 소통하고 성평등정책을 추진할 수 있는 조직체계를 재구축해야 함.

• 부산시는 부산시장 4 · 7 보궐선거의 의미를 다시 확인해야 하는 상황임. 오거돈 전 시장 성폭력 사건을 단순한 성폭력사건이 아니라 권력형 성범죄사건이고 성평등 하지 못한 조직문화에게 발생할 수밖에 없는 사건임.

• 부산광역시의 성평등정책 추진 의지와 성평등 한 부산을 만들겠다는 강력한 의지가 필요함.

• 부산여성이 공감하고 여성과 남성이 행복한 성평등 부산을 만들기 위해 실국의 전반적인 정책에 성인지 관점을 부여한 정책이 필요함.

• 서울시, 대전시, 경남 창원시, 전남 광양시 등에서 여성부시장을 임명하였으나 부산시는 여성부시장 임명한 적이 없는 남성 중심의 보수적인 색채가 농후함.

• 부산시장의 정책수행에 있어서 성인지적 관점을 수행할 수 있도록 여성특보가 필요함.

4) 이행 방법

- 부산광역시 양성평등 기본조례 개정
- 부산광역시 행정기구 설치 조례 개정

5) 재원 조달 방법 : 부산시비 100%

2. 공약 2 – 성차별 NO ! 성평등 옴부즈맨

1) 목적
- 여성이 성차별받지 않고 안전하고 일할 수 있는 성평등 한 조직 문화 조성하기
- 일상의 성차별 사례 없는 성평등 한 부산 만들기

2) 정책 내용
- 양성평등에 위반되는 조례 등에 대한 개폐 조치의 부산시 권고함
- 부산광역시 및 16개 시 · 군 그리고 산하기관이 게시하고 홍보하는 홍보물 속의 성차별 파악하여 시정 권고함.
- 미디어 속 성차별, 공간 속 성차별을 파악하여 시정 권고함
- 직장 내 성차별 등을 상담 지원하여 여성이 안전하게 일할 수 있는 성평등 한 조직 문화 조성함.
- 성별에 따른 차별, 편견, 비하 등 상담 및 구제
- 16개 시 · 군별 마을 반차별 · 성평등 옴부즈맨 운영함
- 16개 시 · 군별 성평등 옴부즈맨 소통 네트워크 운영함

3) 현황 및 문제점

• 정부는 올해부터 향후 5년 동안, 제4차 저출산 고령사회 기본계획의 저출산 분야 정책기조를 '함께 일하고 함께 돌보는 사회 조성'으로 제시함.

• 여성들은 채용 시 성차별관행이 없어지고, 직장 내 차별없는 양질의 일자리를 원한다. 그리고 기혼여성들은 임신·출산, 자녀 양육으로 인한 경력단절을 경험하고 여성의 경력단절은 저임금 일자리와 빈곤이 함께 다가옴.

• 저출생의 문제는 일상 속의 성차별이 해결되고 성평등 한 조직문화가 조성될 때 해결될 수 있음.

• 일상 속의 성차별, 부산광역시 및 16개 시·군 그리고 산하기관이 게시하고 홍보하는 홍보물 속의 성차별, 미디어 속 성차별, 공간 속 성차별 그리고 직장 내 성차별 등을 적극적으로 파악하여 차별없는 성평등한 문화를 조성하기 위해서 부산광역시 및 16개 시·군 성평등 옴부즈맨이 필요함.

4) 이행 방법
• 부산광역시 양성평등 기본조례 개정
• 부산광역시 인권 기본조례 개정

5) 재원 조달 방법
• 성평등 옴부즈맨 시범 3 구군/ 6명(1.8억 부산광역시 100%)
• 16개 시군 성평등 옴부즈맨 10억(시 70%, 구군 30%)

2. 공약 3 – 생애주기별 여성고용안전 기본계획 수립

1) 목적
- 여성의 고용안정을 통한 노동권 및 생존권 보장하기
- 모집·채용 및 고용 전반에서 성별에 근거한 차별 없는 여성의 생애주기별 성평등 노동정책 기본계획 만들기

2) 정책 내용
- 부산광역시 생애주기별 성평등 노동정책 기본계획 만들기
- 채용 성차별 근절 안전장치 마련하기
- 공공기관 비정규직 여성노동자를 정규직 전환 계획 세우기
- 경력단절 여성의 취업욕구 분석 및 재취업화 ONE-Stop 시스템 구축하기
- 공공기관 여성 임원 비율 정하기
- 적극적 고용개선조치 대상 사업장을 지방 공기업(300인 이상)까지 확대
- 전 사업장 성별 임금격차 부산 통계 내기
- 부산 '성평등 임금 공시제' 만들기

3) 현황 및 문제점
- 한국에서 성차별의 시작과 끝은 노동시장에서의 여성차별임. 노동시장에서의 성차별로 인한 성격차가 해소되지 않는 이상 한국 사회에서의 여성문제의 해결은 힘듦. 여성에 대한 성폭력이 발생하는

구조적 요인의 가장 근본적인 원인은 현사회에서 여성과 남성의 사회적 지위가 불평등하고, 여성이 가진 경제, 사회적 자원이 적으며 여성에 대한 차별이 존재하기 때문임.

- 2018년 노동시장에서의 채용 성차별 문제의 공론화

- 국민은행과 하나은행, 신한은행 등 금융기업, 한국가스공사와 같은 공기업 등에서 채용상의 성차별, 한샘 직장 내 성희롱 사건 등은 여성노동자들의 고용상 성차별을 줄일 수 있는 국가사회 인프라 구축을 요구하고 있음.

- 채용은 고용의 첫 단계로서, 채용에서 성차별 기제의 작동은 여성에 대한 기회의 평등을 원천적으로 가로막아 기존의 성별 고용 구조를 재생산하는 원인 중 하나로 작용할 수 있음. 성차별적 조직문화와 직장 내 성희롱·성폭력 발생이 연관성을 갖고 있다고 볼 수 있으며, 성차별적 조직문화에서 성희롱·성폭력이 묵인, 방조, 조장되면서 노동권의 침해로 연결되고 있는 것임.

- 현행 남녀고용평등법은 모집·채용 및 고용 전반에서 성별에 근거한 차별을 명시적으로 금지하고 있음. 특히 문재인 정부에서는 2017년 12월 제6차 남녀고용평등 기본계획을 수립하여 적극적 고용개선조치 대상 사업장을 지방 공기업(300인 이상)까지 확대하고, 건강-고용보험 연계 정보를 활용하여 659 사업장에 대해 스마트 근로감독을 실시 및 남녀고용평등법 모든 조항이 2018년 5월부터 전 사업장에 적용받도록 법령을 개정한 바 있음.

- 한국은 2019년 기준 OECD 통계에서도 성별 임금 격차 32.5%로 OECD 평균 수치인 12.9%를 상회하는 꾸준한 1위 국가이다.

• 정부는 기업이 경영공시를 통해 채용과 임직원, 임금 영역에서의 성별격차를 종합적으로 공개하도록 하고, 성차별·성희롱 피해자를 실질적으로 보호하기 위해 노동위원회를 통해 징벌적 손해배상제 등 구제절차도 신설키로 함.(2021.1.15.)

• 2018년 기준으로 비정규직 여성노동자들은 여성노동자 중 50.7%이며 월평균 임금은 2019년 최저임금은 월 157만 원임.(부산의 여성노동자의 월평균임금 통계는 없음)

• 부산의 여성 경제활동 참가율은 48.6%(전국 52.9%)이고 부산 여성노동자 586,000명 중 상용직 357,000명, 임시직 195,000명, 일용직 34,000명 임. 상용직 357,000명 중 정규직, 비정규직 통계는 없음.

• 부산시 공공기관 내의 비정규직 여성노동자의 정규직화 논의의 필요성이 대두된다.

• 이러한 여성고용에 대한 전반적인 차별을 해결하고 여성노동권과 생존권을 보장하기 위해 현행 양성평등정책 기본계획에 구체적으로 생애주기별 여성노동정책에 대한 성평등 노동 기본계획이 필요하고, 노동환경 개선정책, 틈새 없는 돌봄 정책 진단 및 조정에 관한 사항을 담당할 노동·돌봄 분과위원회 설치 등 부산광역시 양성평등 기본조례의 전면적 개정이 필요하다.

4) 이행 방법
• 부산광역시 양성평등 기본조례 개정
• 부산 성평등노동 기본계획 공론화

5) 재원 조달 방법

• 부산 시비 100%

• 부산 성평등 노동정책 기본계획 용역비 , TFT 회의비 및 여성
노동자 집담회 비 등

공약4 – 성별 임금격차 해소 마스터플랜 실시

1) 정책 내용

• 여성이기 때문에 취약계층이 아니라 차별받기 때문에 저임금과
불안정한 고용으로 내몰리는 것이다. 따라서 성평등 노동관점 정책으
로 전환, 확대해야 하며 가장 기본은 성별 임금격차를 해소하기 위한
정책과 노력이 필요하다.

2) 현황 및 문제점

• 노동시장에서 여성의 경제활동의 기회를 보장하기 위한 정책적
개입으로 차별금지정책과 일가족양립정책 두바퀴가 있어야 함에도 불
구하고 여성노동정책은 일가족양립정책에만 집중되어 논의되고 있다.

• 차별금지라는 한축이 무너져있는 상태이다.

• 여성 일자리 정책은 경력단절 예방부터 시작한다. 여성의 임신,
출산, 양육 때문에 경력이 단절되고 있다고 진단하며 이에 집중하고
있는 것은 경력단절 여성 대책이라고 해도 무방할 정도이다.

• 그러나 여성들은 노동시장의 성차별로 인해 모집, 채용, 업무

배치, 승진, 퇴직의 전 과정에서 여성의 노동을 평가절하당하며 낮은 임금과 열악한 근로조건의 불안정한 고용형태로 인한 '고용단절'을 경험하고 있다.

3) 이행 방법

• 채용 단계부터 고령 여성노동자 대책까지 포괄해야 한다. 채용 과정에서의 성차별에 대한 대책, 여성의 하향 취업에 대한 대책, 여성들에게 특화된 비정규직 대책이 시급하다.

• 단시간 노동자들의 상황을 점검하고 일자리 질을 높이는 것이 우선이다. 특히 15시간 미만 초단시간 노동자들의 4대 보험, 퇴직금, 휴가, 2년 이상 고용의무 등 어떤 노동법 상의 보호도 없이 일하고 있는 노동자들에 대한 대책이 강구되어야 한다.

• 임신=해고인 상황에서 사업주에게 허가를 받아야 하는 출산휴가 신청절차 개선과 근로감독 강화가 시차원에서 필요하겠다.

4) 재원 조달 방법 부산 시비 100%

5. 공약 5– 성평등 노동정책 총괄팀 구성

1) 정책 내용

• "성평등노동정책 및 양질의 여성 일자리 창출, 여성노동자가 살고 싶은 부산!!"

2) 현황 및 문제점

- 부산시 성평등노동정책 추진체계의 필요성
- 부산여성의 경제활동 참가율 48.6%, 여성 고용율 46.8%, 여성 실업율 3.7%, 15세 이상~39세 미만 여성의 경제 활동인구는 280,000명임.
- 부산여성의 경제활동 참가율은 전체 여성경제활동 참가율 52.9%보다 낮고 타 광역시보다 여성의 경제활동 참가율이 낮음
- 종사상 지위별 취업(2018년)을 보면 여성 722,000명 중 임금 근로자는 81.2%이고 주로 상용직 49.4%, 임시직 27.0%, 일용직 4.7%에 종사하고 있음. 이것은 비정규직이 50% 이상으로 여성의 일자리의 양질화가 필요하다고 볼 수 있음.
- 여성은 임신·출산·자녀양육 등으로 경력이 단절되어 자녀 양육 이후 낮은 임금의 일자리로 노동시장에 진입함.
- 한해 부산지역 청년층 인구 유출은 1만 5천여 명에 달하고 있는데 이중 절반은 대학 졸업 후 취업을 위해 서울 등지로 부산을 떠나고 있음.
- 2020년 3분기 부산 청년 실업률은 10.6%로 전년 동기 7.9%보다 무려 2.7% 포인트 높아짐.
- 전체 청년의 구조적 취약성을 극복하고, 탐색(교육)→진입(취업)→안착(독립·결혼)등의 이행기를 안정적으로 통과하고 자립할 수 있는 일자리 창출이 필요함.
- 한국고용정보원의 고용동향 브리프(2020년 5호)에 따르면 2020년 상반기 취업자는 2,679만 9천 명으로 전년 동기 대비 5만 9

천 명 감소하였고, 성별로는 전년 동기 대비 여성 3만 3천 명, 남성 2만 7천 명이 감소하였다. 2020년 상반기 한국 노동시장의 주요 특징은 여성이 남성보다 코로나19 확산으로 더 큰 영향을 받았다는 점이며, 여성 취업자가 남성 취업자보다 더 큰 폭으로 감소하고 고용률도 여성이 남성보다 더 큰 폭으로 하락함.

• 서울시의 경우 성평등노동팀과 여성일자리팀이 행정기구에 편성되어 서울시 성 평등 노동정책 종합계획 수립, 성평등임금공시제확립, 성평등노동환경조성추진, 성별임금격차 실태조사, 여성 일자리 주요업무 계획 수립 등을 하고 있음.

• 부산시의 경우 여성의 경제활동 참가율 · 고용율 · 실업율 · 정규직 · 비정규직 · 경력단절 여성 · 여성청년의 고용상태 등 전반적인 실태와 성평등노동정책 기본계획을 추진할 수 있는 성평등노동정책 추진 체계를 만들 필요성이 있음.

3) 이행 방법

• 부산광역시 양성평등 기본조례 개정

• 부산광역시 행정기구 조례 개정

• 부산시 행정기구 개편을 통해서 시장 직속 성평등정책관을 신설하여 성평등정책관 소속 성평등노동팀을 구성하여 성평등노동기획과 여성 일자리 업무, 16개 구 · 군 여성노동 소통 등 필요함.

• 부산시 성평등노동팀이 성평등노동정책조합 계획 수립, 성평등 임금 공시제 도입, 성별 임금격차 개선위원회 구성, 성평등 노동환경 조성, 성별 임금격차 실태조사, 민간기업 성평등 고용 및 컨설팅 등을

기능을 하여야 함.

  • 부산시 성평등노동을 총괄하기 위해 1팀 4 팀원의 구성이 필요함.

4) 재원 조달 방법

구분	합계	2021	2022	2023	2024	2025 이후
국비						
시비		1.5	1.5	1.5	1.5	1.5
합계		1.5	1.5	1.5	1.5	1.5

공약 6 – 동남권 디지털 성범죄 종합대응센터

1) 정책 내용
  • 디지털 성착취, 성폭력 범죄에 대한 종합적인 대응 시스템 마련
  • 모니터링, 삭제, 피해자 지원, 신고 및 처벌, 예방 및 교육 등 전 과정에 걸친 활동
  • 동남권 지역에 있는 피해자에게 신속하고 접근성 높은 지원 실시
  • 디지털 성범죄 민관 거버넌스 실시

2) 현황 및 문제점
  • n번방으로 상징되는 디지털 성착취 범죄는 전 사회를 충격에 빠트렸다. 불법 촬영 등의 문제로 인한 디지털 성범죄에서부터 이미 진화하고 훨씬 더 야만적인 수법으로 여성과 아동에 대한 성착취가 온

라인 상에서 이루어지고 있었음을 확인할 수 있는 계기였다.

　• 정부는 디지털 성범죄 특별 대응을 위하여 관계부처 합동 회의를 열고 종합적인 점검을 시행하고 있다. 새롭게 등장하는 여성폭력에 대한 대응력 제고 및 여성폭력 예방–보호–처벌 시스템 전문화 및 내실화, 여성 폭력 근절 정책의 추진기반 강화를 정책 목표로 삼고 종합적인 디지털 성범죄 대응책을 마련하고 있는 상황이다.

　• 피해자도 가해자도 대한민국의 특정 지역에 살고 있다는 점에서 지자체 차원에서의 종합적인 대응 또한 매우 중요하며 권역별 종합대응센터가 설립되어 고도의 기술력과 범부처 간의 협동을 요구하는 디지털 성범죄에 대한 적극적인 대응책을 마련해야 할 것이다.

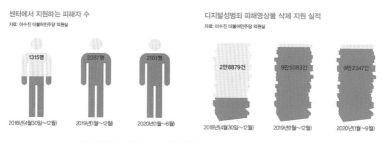

디지털종합지원센터 지원 현황　　출처: 한겨레21 제1340호, 프로젝트 '너머n'

3) 이행 방법

　• 디지털 성범죄 조례 제정

　• 동남권(권역) 디지털 성범죄 종합대응센터 설립(독립성 강화, 민관 거버넌스 강화)

　• 실질적인 원스톱 서비스가 지원될 수 있도록 피해자 지원체계 강화

– 디지털 성범죄 피해자 중심의 원스톱 지원센터

– 삭제 지원 및 기술 개발. 공조 및 협약을 통한 외부자원 연계

• 사전 예방을 위한 모니터링 강화 – 감시단 운영 및 기업 등과 기술 협약 추진

• 예방교육, 삭제 지원, 수요 차단 및 인식 개선 등을 종합적으로 대응할 수 있는 시스템 마련

4) **재원 조달 방법** 자체 시비로 추진

7. 공약 7 – 공공기관 성희롱 성폭력 근절 추진체계 완성

1) 정책 내용
• 성희롱 성폭력 근절 추진단 내실화 및 피해자 지원 체계 확대
• 공공기관 성희롱성폭력 근절을 위한 체계적 인사 관리 시행
• 조직문화 개선을 위한 특별위원회 설립 및 정책 전반 수립, 실행, 평가 과정에서 거버넌스 구축 및 실행
• 고위직 성인지 특별 교육 및 이수 현황 공시제 실시
• 공공기관 성희롱 성폭력 근절 방안 구군 단위로 확대

2) 현황 및 문제점
• 2020년 부산광역시 (구군) 공무원 2,677명 대상 '직장 내 성희롱' 실태조사 결과

주최 : 부산여성단체연합 전국공무원노동조합 부산지역본부

– 부산광역시 (구군) 공무원 5.4 명 중 1명이 직장 내 성희롱에 노출

– 직간접 성희롱 피해 경험 18.9%, 평균 2개 이상의 성희롱 경험

– 주요 가해자는 직장 동료와 상급자, 연령은 50대와 40대, 피해자는 직위, 연령에 상관없이 성희롱 피해를 당.함

– 성희롱 피해는 근무시간 중과 외, 근무 장소와 근무 외 장소 등 때와 장소를 가리지 않고 일상에서 일어나고 있음.

– 피해 발생 시 도움을 청하지 못한 경우가 거의 절반. 도움 요청 건에 대한 조치 비율은 9.4%

– 2차 피해 비율이 20.5%로 일어나고 업무에 부정적 영향이 나타나고 있다는 응답이 84%에 달함에도 불구, 직장 내 성희롱 예방 대응 매뉴얼이 충실하게 이뤄지고 있는 비율은 고작 5.6%에 불과해, 직장 내 성희롱 근절을 위한 대책 마련이 시급함.

부산시 '성인지력 향상 특별대책'

• 공공부문의 성희롱·성폭력 근절을 위한 대응체계 확립

– 시장 직속 감사위원회 내에 전담기구 '성희롱 · 성폭력 근절 추진단'을 신설

– 성희롱·성폭력 사건 발생 시 피해자가 안심하고 신고할 수 있도록 피해자 중심 대응 메뉴얼 체계적 정비

– 성희롱·성폭력 징계기준도 성희롱의 경우 최소 감봉 이상, 성폭력의 경우 최소 강등 이상으로 현 법적 최고 수준으로 강화, 향후 감사위원회 및 인사위원회 위원 위촉 시 성희롱 · 성폭력 분야 전문가를

위촉하여 사건 처리의 공정성 향상

  - 사건 처리 이후 피해자의 업무 적응 등 모니터링, 피해자와 가해자가 퇴직 시까지 물리적 공간은 물론 연관부서에 근무하지 않도록 지속적인 사후관리시스템 마련

  - 직근 상급자 연계 책임제를 신설해 부서관리자에게 부서원의 성인지력 향상 노력의무 부여, 특히 가해자의 직근 상급자에게는 성과연봉 하향, 성인권 특별교육 실시

  • 체계적인 성희롱·성폭력 예방 시스템 가동

  - 직급 구분 없이 연 2시간 의무교육에서 벗어나 기관장 · 관리자 대상 교육 신설, 전 직원 대상 특별교육 두 배 확대 시행

  - 직급별 맞춤형 성인지 정규 교육 과정 신설, 신규임용자부터 관리자까지 단계별 성인지 교육을 실시

  - '성평등 가이드라인' 제작, 시를 포함하여 산하 전 공공기관 배포

  - 조직 내 성인지 감수성 매년 진단, 부산시 조직 · 개인별 진단모델 개발, 올 상반기 전 직원 대상 특별진단을 시작으로 매년 시행, 그 결과로 도출된 미비점 개선

  - 산하 공공기관 내 성 비위사건 예방과 성인지력 향상을 위해 기관장 등 임원 임용과정에서 성희롱·성폭력 예방계획 등 성인지 감수성 요건 추가 심사

  - 경영평가 시 성희롱·성폭력 방지조치 평가 강화

  • 정책 추진과 조직 운영에서 문화 및 제도 개선

  - 제2차 부산양성평등종합계획('20~'24, 62개 과제) 내실있게 추진

  - 130억 원 규모로 조성된 양성평등기금을 활용한 성평등 신규사

업 적극 발굴·시행

 － 자치구·군의 성인지 정책 종합 평가를 통해 양성평등 시책을
구·군에서도 적극적으로 추진하도록 독려

 － 부산시 5급 이상 여성 관리직 비율은 현재 26.9%로 전국 지자
체 중 가장 높음. 이 비율을 지속적으로 개선, 공기업 임원, 관리직에
도 여성 참여 목표제 통해 여성 관리직 비율 확대

 － 공공분야를 넘어 민간분야와 신종 성범죄 포괄하는 성폭력 총
괄 대응과 여성인권 향상 위하여 '부산여성폭력방지종합지원센터(가
칭)'를 여성가족부와 적극 협의하여 한국여성인권진흥원의 분원 형태
로 설치하는 방안 추진

부산시 '성인지력 향상 특별대책' 문제점

 ▣ 공공조직 성희롱, 성폭력 근절을 위한 성인지力 향상 특별대책
평가

 － "기존의 사업을 강화하겠다", "조직을 진단하겠다", "시장 직속
s감사위원회에 성희롱, 성폭력 전담기구를 설치해서 그 기구가 성희
롱 성폭력 대응 총괄 컨트롤 타워 역할을 하도록 하겠다" 등으로 이
모든 대책을 총괄하여 추진하는 성평등 정책 추진체계 강화를 위한
새로운 고민도 접근도 없다는 점에서 근본적 한계가 있음.

 － 우발적 성희롱, 성폭력 사건이 아닌 성차별적 고용환경과 위계
적이고 남성 중심적인 공공조직 체계와 문화에서 기인한 것으로 폭력
대응체계 마련과 같은 부분적 변화가 아닌 근본적 구조 혁신이 필요
하며 강력한 성평등 추진체계 구축만이 그 해결책임.

■ 성희롱, 성폭력 대응 전담기구 및 성평등 인식개선 대책 한계 및 문제점

- 현재 감사기구 내 5명 인원으로 예방교육 실시, 성평등 한 조직 문화 확산, 직장 내 성평등문화 모니터링 및 실태조사, 상담·신고시스템 운영 및 사건 처리, 피해자 보호, 재발방지대책 수립 및 이행점검, 종결 사건 사후 관리 등의 업무를 총괄적으로 감당하기에는 역부족

- 현재 제시된 성희롱 성폭력 대응 전담 기구 업무에서는 예방교육과 직장 내 성평등문화 모니터링 및 실태조사를 제외하고는 성주류화 정책 위한 실질적이고 구체적 방안이 없음. 성희롱, 성폭력 사건 대응에 있어서 인사고과 반영 및 경영방침 반영 등 성주류화 실현을 위한 대응책이 없으며, 고용환경개선, 성차별 문제, 피해자 노동권 보장 등의 구체적 내용이 없음.

- 성희롱, 성폭력 대응 전담기구와 여성가족국과의 업무 분장 및 연계 체계는 있으나 타 부처와의 상호협력 관계의 구체적 내용이 없음. 성희롱, 성폭력 사건 대응 및 성인지력 향상 대책은 부처 간 장벽 문제가 중요하게 대두되는 바, 이를 해결하기 위한 대책이 없음.

- 중장기 계획인 "부산 여성폭력방지종합지원센터"는 공공조직 내에서 발생하는 성희롱, 성폭력 대응 전담체계로 적절치 않음.(부처 간 장벽 문제, 기존 성희롱, 성폭력 대응 체계와의 업무 중복 문제 등)

■ 성평등 정책 추진체계 강화 한계 및 문제점
- 중앙정부 및 타 시도에서는 양성평등 정책담당관 제도 마련 및 양성평등위원회 역할 강화를 통한 강력한 성평등 거버넌스를 구축함

으로써 성평등 정책 추진체계를 강화한 반면, 성인지력 향상 특별 대책에서 제시한 성평등 정책 추진체계에는 이와 관련한 내용이 없음.

– 양성평등 거점기관 '양성평등센터'가 공공조직 내 성주류화 정책 및 성평등 정책 추진체계 강화를 위해 어떤 실질적 역할을 할 수 있는지에 대한 내용이 없음.

– 성인지 정책 추진기반 조성을 위한 양성평등기금 원금 활용의 구체적 내용이 없음.

3) 이행 방법

• 강력한 TF팀 구축하여 향후 종합적 추진 계획 및 로드맵 제시

– 성주류화 정책 확산을 위해서는 여성가족국 중심에서 벗어나, 타 부처와의 협업 구조를 실효적으로 마련해야 함.

– 부산 전 시장의 성폭력 사건의 심각성을 인지할 때, 강력한 대응책을 마련하기 위하여 성인지력 향상 대책 특별위원회를 강화 및 확대하여 향후 성평등 추진체계 강화를 위한 TF팀을 구축해야 함.

– 성평등 추진체계 강화를 위한 종합계획 및 중장기 로드맵을 보다 체계적으로 제시해야 함.

• 성평등 추진체계 강화를 위한 컨트롤타워 운영 필요

– 부산시 양성평등 종합계획 수립하면서 부산 시민과 전문가들 대상으로 실시한 설문조사에서는 성평등 한 부산을 조성하기 위해 가장 우선적으로 추진해야 할 과제로 성평등정책 추진을 위한 '컨트롤타워 구성'이 29.8%로 가장 높았음.

– 부산시에서 제시한 전담기구는 개별적 성희롱, 성폭력 사건의

조사와 처리의 직접적 기능 수행에 가까우며, 실질적으로 부산시의 성주류화 전략을 추진하고 분야별 특성을 고려한 성희롱, 성폭력 방지를 위한 대책을 수립하고 시행하는 컨트롤타워로서 행정부시장 직속 양성평등 정책담당관 제도 신설이 필요함.

• "부산형 성평등 거버넌스" 구축

– 타 시도의 성평등 거버넌스는 상향 방식의 민관 협치를 지향하고 있음. 부산의 경우 제반 환경은 존재하나 상시적인 협력 구조가 미비함.

– 현재의 양성평등위원회 운영의 형식화를 방지하고 실효성 제고를 위해 양성평등위원회 기능을 강화하여 '부산형 성평등 거버넌스'를 구축할 필요가 있음.

양성평등정책담당관 주요 기능 예시

양성평등정책담당관	
성희롱·성폭력 근절팀	성희롱·성폭력 근절팀
· 영역별 성희롱·성폭력 근절 대책 수립·시행 · 성희롱·성폭력 관련 정책 개발 및 제도개선 · 성희롱·성폭력 관련 실태조사 및 현장점검 · 성희롱·성폭력 예방교육에 관한 사항 · 성희롱·성폭력 재발방지 대책 수립 등(컨설팅 포함) · 시, 자치구, 공공기관, 시 직접 위탁기관 등에서 발생한 성희롱·성폭력 사건 판단과 처리를 위한 성인권위원회 구성 및 운영 · 공무원 등 성희롱·성폭력 예방 교육 계획 수립 및 총괄	· 시의 성평등목표와 시행방안 수립 · 시정의 성주류화 추진 · 성별영향분석평가, 성인지예산, 성별분리통계 등 성주류화 제도 운영 및 지원 · 성차별 모니터링 및 개선 · 양성평등한 조직문화 개선(성인지 교육 등) · 양성평등정책 시책 발굴·추진 및 평가 등

박선영(한국여성정책연구위원 선임연구위원), 〈부산시 성평등 추진체계 강화 방안〉,
[권력형 성폭력과 성차별에 맞서는 성평등 추진체계 방안 모색을 위한 토론회], 2020년 6월 4일

– 민관 공동위원장 체계로 변경, 시장 직속 위상 변경, 위원회 구성원 확대, 당연직 위원을 행정부시장 소속 실국장과 경제 부시장 소속 민생 노동 정책관과 일자리 경제실장까지 확대, 분과위원회 설치를 통하여 민관 협치를 안정적이고 밀도 있게 추진하도록 함.

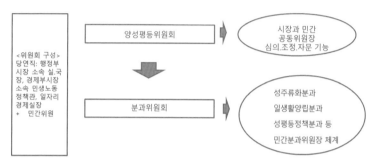

박선영(한국여성정책연구원 선임연구위원), 〈부산시 성평등 추진체계 강화 방안〉,
[권력형 성폭력과 성차별에 맞서는 성평등 추진체계 방안 모색을 위한 토론회], 2020년 6월 4일

4) 재원 조달 방법 광역단체장의 의지로 수립

8. 공약 8 – 부산 성착취 집결지 폐쇄 및 여성인권공간 조성

1) 정책 내용
• 완월동 집결지 폐쇄 및 정비를 위한 민관 협치를 통한 컨트롤타워 구성
• 완월동 성착취 집결지 폐쇄 선언 및 부산시 도시 계획을 집결지 전환 추진
• 집결지 성매매 피해자 자활지원 조례 예산 확보 및 지원 실시

2) 현황 및 문제점

• 부산 서구 완월동(현 충무동 초장동 지역)은 일제 강점기 형성된 공창지역으로 현재까지도 성매매 집결지로서 그 형태를 유지하고 있으며 여성 착취의 대표적인, 일상적인 현장. 인근 상권이 성매매 집결지 중심으로 형성되어 있고, 인근 주거지 주민들의 낙인감이 강하며 낙후 지역임에도 민자 투자 개발도 잘 이루어지지 않는 상황.

• 성매매 여성들의 생계 대책 마련/도시계획/경찰 단속 등 성매매 집결지에 대한 문제 해결을 위하여 총체적 접근이 필요함.

부산 완월동 성매매 집결지역의 도시재생에 대한 의식조사 결과 보고

1. 조사 개요
 · 후원 : 부산광역시, 서구청
 · 주관 : 부산참여연대, (사)여성인권지원센터'살림'
 · 주관 : (사)시민정책공방, 부경대학교 지방분권발전연구소
 · 조사기간 : 2020년 9월 12일~9월 18일(1주일간)
 · 조사방법 : 조사원에 의한 전화면접 조사

2. 조사 내용

– 부산지역 성매매 문제의 심각성에 대해 부산시민(심각하다+매우 심각하다 44.4%)에 비해 서구 주민(54%)이 더 심각하다고 인식하고 있었고, 성매매 문제 해결의 관심도 역시 부산시민(관심있다+매우 관심있다 46%)에 비해 서구 주민(63.6%)이 더 관심도가 높은 것으로 나타남.

- 완월동 지역 변화 필요성에 대해서도 부산시민 81.6%(필요하다 +매우 필요하다)가 변화가 필요하다고 응답하였으며, 서구 주민 역시 78%, 전문가 96%가 그 필요성에 공감함.

- 폐쇄 방안에 대해서도 부산시민의 42.8%, 서구 주민의 36%, 전문가의 22%가 '불법 행위에 대한 몰수 추징 등 강력한 단속 조치로 업소 문을 닫게 해야 한다'고 응답하였으며 시청, 구청과의 협업을 통해 성매매 업주 및 알선업자/포주 스스로 영업을 그만두게 한다'는 응답 역시 부산시민 34.2%, 서구 주민 44%, 전문가 56%의 응답률 나타남.

- 변화 방식에 대해서는 가장 많은 비중으로 '민관 협치를 통합 역사성과 지역성을 반영한 도시재생 방식'이 필요하다고 응답.(부산시민 45.2%, 서구 주민 43%, 전문가 82%)

- 변화의 주요 내용으로는 청년 문화공간 대여 및 지원시설 설립 등 문화예술 관련 시설 및 지원 공간 설치', '역사기록관, 여성인권 역사관 등 역사적 보존과 기록의 가치 반영', '공공임대주택 등 공공 주거 시설 마련' 등에 따라 다양한 응답.

- 이러한 변화의 주도 세력으로는 부산시청과 서구청 등 지자체와 시민사회, 민관협의체 등이 주도해야 한다는 응답이 있었으며, 변화 추진 시 성매매 업소 업주나 알선업자 등을 배제해야 한다는 응답이 가장 많은 비중을 차지.

3) 이행 방법

• 〈성매매 집결지 여성 자활지원 조례〉 제정: 성매매 집결지 내 여성들의 탈 성매매와 탈업소 과정을 보장하기 위하여 이주, 자립, 정

착 비용을 지원

• 집결지 여성 자활지원 및 공공적 개발을 위한 여성가족부 등과의 업무협약 추진

• 성매매 집결지의 성격 변화(성매매 업소 폐쇄, 성착취 근절) 및 기존 상권과 마을과의 연결성 회복을 위한 도시재생 사업 추진

• 성매매 집결지 건물의 레지던시 사업 전환하여 마을기업, 사회적 기업, 청년 스타트업 업체의 입주 공간으로 공공적 임대 사업 추진

• 여성착취의 현장에서 여성인권 허브로 재탄생. 현재 부산시 조례가 제정되었으나 아직 설립되지 않은 인권센터를 완월동 인근에 유치하는 전략 추진. 컨벤션 센터 등 허브 역할을 할 수 있는 공간 조성.

그 위법성에도 불구하고 전국적으로 남아 있는 성매매 집결지에 대한 해결 과정인 동시에 성매매 집결지 여성들의 생존권을 담보로 그간 지연되어 온 성매매 집결지 폐쇄 촉진

4) 재원 조달 방법 국토부 도시재생사업 추진

주거 지원 등을 추진할 방침이다.(한겨레, 2017년 7월 11일)

9. 공약 9 – 데이트 폭력/스토킹 폭력 등 여성 폭력 사각지대 해소

1) 정책 내용

• 부산광역시 여성폭력방지 및 피해자 보호·지원 조례에 데이트 폭력, 스토킹 폭력에 대한 내용 명문화

• 데이트 폭력, 스토킹 폭력 방지를 위한 지원 확대 및 대책 마련

2) 현황 및 문제점

• 성폭력 · 가정폭력 · 데이트 폭력 피해자의 상담은 계속 늘어나고 있지만 상담소 및 시설에 대한 지원은 한정되어 있어 피해자에 대한 실질적 지원을 하기에 인력, 지원금, 사건지원에 상당한 어려움을 겪고 있다.

• 데이트폭력 피해자를 지원할 수 있는 특별법안이 마련되어 있지 않아, 여성폭력 상담소에서 피해자 지원 시에 물리적 폭력과 관련하여 의료 지원에 대한 예산을 지원할 수 없으며, 지자체 차원의 예산도 확보되어 있지 않아 보호받기 어려운 실정이다.

• 데이트 폭력 가해자는 주로 아주 친밀한 관계인 남자 친구인 경우가 많으며 이럴 경우 피해자의 현재 거주지, 피해자의 부모와 관련한 정보, 학교, 직장 등을 공유하고 있어 더 큰 피해에 노출될 수 있지만 가해자를 격리 조치할 근거가 없다는 이유로 피해자는 지속적인 스토킹 피해를 입고 있다.

• 또한, 피해를 입은 여성의 경우 범죄피해자임에도 불구하고 남자 친구의 스토킹으로부터 안심할 수 있는 공간(쉼터)을 지원받기가 어려운 실정이다.

3) 이행 방법

• 부산광역시 여성폭력방지 및 피해자 보호 · 지원 조례에 데이트 폭력, 스토킹 폭력에 대한 내용 명문화

• 데이트 폭력, 스토킹 폭력 방지를 위한 지원 확대 및 대책 마련

① 성폭력·가정폭력상담소 및 시설에 대한 지원 확대

② 성폭력·가정폭력상담소 및 시설의 종사자 증원

③ 성폭력·가정폭력피해자에 대한 사건지원 및 지원서비스 마련

④ 데이트 폭력 피해자에 대한 의료비 지원 및 거주지(공간) 지원 등 종합 지원 대책 마련

4) 재원 조달 방법 자체 시비로 추진

10. 공약 10 - 이주여성 코로나 특별 대응 정책 실시

1) 정책 내용
• 재난지원금, 공적 마스크 지급, 교육격차 및 가정폭력 등 코로나19 시대에 더욱 취약해진 이주여성 문제에 대한 특별 대응 대책 마련 필요

• 가정폭력 피해 이주여성 주거지원, 긴급 상담소 지정 및 긴급대피소 지정 및 예산 지원

2) 현황 및 문제점
지난 2017년 국가인권위원회가 내놓은 '결혼이주민의 안정적 체류 보장을 위한 실태조사'에 따르면 조사 대상자 결혼이주여성 920명 가운데 가정폭력 경험이 있다고 답한 비율은 42.1%에 달했다. 10명

중 4명이 폭력피해를 경험했다. 가정폭력 유형은 심한 욕설이 81.1%로 가장 큰 비중을 차지했고 한국 생활 방식 강요(41.3%), 폭력 위협(38%), 생활비 미지급(33.3%), 성행위 강요(27.9%), 부모·모국 모욕(26.4%) 순이었다. 성추행을 당하거나 가정폭력이 발생하는 경우에도 체류 자격 때문에 적절한 지원과 안전을 보장받지 못하는 사례가 발생한다.

최근 코로나19 재난상황에서 이주여성은 최소한의 안전망도 없이 사각지대에 방치된 상태에 놓였다. 언어, 경제권 등 무엇 하나로부터도 자유롭지 못한 이주여성은 사각지대 중에서도 더 외진 가장자리에 놓여 있다.(허오영숙 한국이주여성인권센터 대표)

재난지원금이 지급되지 않는 경우도 있었으며 남편의 폭력을 피해 피난처에 거주하는 이주여성이 재난지원금 신청을 했다가 신변이 노출되는 위협이 발생.

공적 마스크 지급이 되지 않는 경우 발생.

난민의 경우 재난지원금 등 제외됨.

언어적인 문제로 코로나19 상황에 대한 긴급문자, 재난문자에 대한 정보 접근이 제대로 되지 않아 민간 기관에서 지원하는 경우 발생

온라인으로 자녀 수업을 병행함에 따라 기기 사용이나 언어 등에 어려움을 겪는 경우 발생. 이주여성 자녀들의 교육 격차 해소를 위한 지원 방안 필요.

3) 이행 방법

• 재난지원금, 공적 마스크 지급, 교육격차 및 가정폭력 등 코로나19 시대에 더욱 취약해진 이주여성 문제에 대한 특별 대응 대책 마련 필요

• 가정폭력 피해 여성 주거지원 및 MOU 협약 등을 통해 이주여성 긴급 상담소 지정 및 긴급대피소 지정 및 예산 지원

4) 재원 조달 방법 자체 시비로 추진

11. 공약 11 – 부산여성플라자 건립

1) 정책 내용
여성과 가족이 소통하고 교류하는 공간 – 부산여성플라자 건립

2) 현황 및 문제점
현황

• 부산시는 여성 관련 공간으로 부산여성회관, 부산여성문화회관 운영

• 두 시설의 공간들은 주로 문화 강좌 지원 시설과 예식장 관련 시설과 다문화 일자리 관련 센터 업무 공간으로 사용

※ 문제점

• 부산의 여성 관련 공간의 이용과 활용은 21세기 변화한 여성들의 필요와 요구에 부응하지 못함 – 누비, 봉제, 홈패션 등 의류 관련

강좌와 화훼 수업, 예식장 시설 등

　• 고립되고 파편 되는 현대 여성과 가족의 현실을 반영한 새로운 형태의 교류 공간이 필요.

3) 이행 방법

　• 여성과 가족의 소통과 교류의 장을 만들기 위한 새로운 물리적 공간이 필요

　• 소통과 교류의 여성 공간 부산시 여성플라자 WITH는 성평등 활동의 새로운 부산의 메카로서 국제 회의실, 아트홀 소통홀 등 공간 서비스와 여성 NGO센터, 성평등 도서관, 여성 사료관, 여성사 박물관 등이 입주.

　• 운영 방식으로 성평등 활동의 전망과 비전 위에 여성단체 활동의 실적과 성과를 보인 비영리 민간조직 위탁을 원칙으로 함.

4) 재원 조달 방법

2022년 부산시 여성가족국 예산 편성 + 출산장려 및 양성평등 기금

　• 근거 : 부산시 양성평등 기본조례 제35조 양성평등문화 조성

　1) 건물 : 지상 5층 지하 3층의 건물

　2) 인력 : 대표 1, 활동자 10

　3) 사업예산 : 년간 약 15억(인건비, 사업비, 운영비 등)

12. 공약 12 - 부산성평등활동지원센터 건립

1) 정책 내용
성평등 부산을 위한 연대와 성장의 플랫폼 - 부산성평등활동지원센터

2) 현황 및 문제점
  • 성평등 인식 고양과 성평등 실현에 종사하는 활동가에 대한 역량강화와 지원을 담당하는 공적 단체의 부재
  • 성평등 부산을 위한 성주류화와 젠더 거버넌스를 구축하기 위한 민간영역의 활동가 지원 시스템 부재

3) 이행 방법
  • 연대와 성장을 위한 성평등 활동 플랫폼 제공 : 성평등 활동 단체 및 활동가 입주 공간 제공
  • 성평등 활동의 지속가능성을 높이기 위한 교육지원 활동
  1) 성평등 활등을 위한 교육의 입문, 심화, 실전 과정 개설
  2) 여성단체 공익 활동가 대상 역량 강화 교육 실시
  3) 지역사회 연계 활동을 통한 시민성 평등 활동가 양성
  • 여성 청년 활동가 인큐베이팅
  1) 부산 2030 젠더 팩토리 건설
  2) 부산 여성주의 대학생 포럼
  • 운영 방식으로 성평등 지원 활동의 실적과 성과를 보인 비영리

민간조직 위탁을 원칙으로 함.

4) 재원 조달 방법

2022년 부산시 여성가족국 예산 편성 + 출산장려 및 양성평등 기금

- 근거 : 부산시 양성평등 기본조례 제35조 양성평등문화 조성
  1) 공간 : 지상 5층 지하 3층   2) 인력 : 센터장 1, 실무자 6
  3) 사업 예산 : 년 간 약 6억 원 소요(인건비, 사업비, 운영비 등)

13. 공약 13 - 청년여성문화예술센터 건립

1) 정책 내용

청년여성이 안전하고 자유롭게 문화예술활동을 할 수 있는 공간의 확보

2) 현황 및 문제점

청년여성 문화공간의 현황

- 부산시는 여성 관련 문화 예술 공간으로 부산여성회관과 부산여성문화회관을 운영
  1) 부산여성회관은 교양강좌와 창업지원센터, 여성새로일하기센터, 다문화가족지원센터, 지원봉사활동센터로 구성
  2) 부산여성문화회관은 문화교실, 행복한가정지원, 자원봉사, 광

역여성새로일하기센터, 가사관리사로 구성

• 부산시 여성가족국 여성정책과 직할의 여성회관은 15명 부산시 공무원, 여성문화회관은 14명의 공무원과 각 구청과 기관 파견의 16명의 취업상담사와 1명의 창업상담사가 근무

청년여성 문화공간의 문제점

• 여성회관과 여성문화회관의 명칭 속에 '여성'이 있으나, 두 회관은 부산시 여성가족국 외청의 성격이 강하며, 이름에 맞는 여성 대상 문화 관련 활동을 하고 있지 못함

• 부산지역의 두 여성회관 정체성의 모호함과 더불어 청년여성의 문화활동의 물리적 공간이 전무함

3) 이행 방법

• 부산시 여성가족국 여성정책과 직할의 여성회관과 여성문화회관은 민간위탁으로 전환하여 민간의 활력과 창의적 활동을 도입.

• 여성회관과 여성문화회관의 서비스 대상과 활동의 영역의 중복을 피하고, 대상 사업을 기존의 천편일률적인 문화센터의 교양 강좌에 더하여 성인지 감수성과 성평등 인식을 고양할 수 있는 활동과 내용을 담보.

• 여성문화회관의 활동 대상과 내용을 기존의 여성 정책 지원 대상의 사각지대에 있었던 여성 청년의 문화예술활동 지원의 플랫폼으로 전환.

• 운영 방식으로 여성 청년 문화활동의 실적과 성과를 보인 비영리 민간조직 위탁을 원칙으로 함 .

4) 재원 조달 방법

2022년 부산시 여성가족국 예산 편성+ 출산장려 및 양성평등기금

• 근거 : 부산시 양성평등 기본조례 제35조 양성평등 문화 조성

1) 공간 : 부산문화회관 건물

2) 인력 : 센터장 1, 활동가 6

3) 사업비 : 약 6억 소요 (인건비, 사업비, 운영비)

14. 공약 14 – 다양한 가족 지원 확대

1) 정책 내용

• 한부모가족의 유형별 맞춤 지원을 위한 '한부모통합지원센터' 설립 : 상담, 주거, 자립, 돌봄, 인식개선 등 통합지원(원스톱 시스템)

  – 한부모가족 관련 정책 및 지원에 대한 정보 접근성이 낮음

  ↳ 맞춤형 정보 제공 및 기관 네트워크를 통한 원스톱 시스템 구축

  – 기관 간 자원연계를 통한 통합서비스 제공 인프라 부족

  ↳ 한부모가족지원사업의 통합적·효율적 추진을 위한 컨트롤 타워 구축 필요

  – 유형별 한부모가족의 특성에 맞는 보편적 서비스 제공으로 다양한 욕구에 대응

• 한부모가족을 위한 가사(정리수납), 양육, 아이돌보미 서비스 확대

  – 부산광역시 한부모가족 지원에 관한 조례 제7조의 2에서는 법

제17조에 따른 가족지원 서비스를 지원할 것을 명시하고 있다. 그러나 취사, 청소, 세탁, 정리수납 등 가사 서비스에 대한 지원이 부산시에서는 전혀 이루어지지 않고 있다.

– 가사지원 서비스를 통해 집안 내부 환경의 정비를 할 수 있고 위기가정으로 판단이 되면 맞춤형으로 지원함으로써 사각지대의 한부모 발굴과 위기가정을 구할 수 있다.

– 긴급상황 발생 시 한부모가족의 돌봄 공백 발생을 막기 위해 돌봄 서비스 이용 우선권 제공 및 현금지급

• 한부모(미혼모/부) 가족의 생존권 보장을 위한 실질적인 자립지원금 지원 및 주거 확대

– 공공주택 신청 시 자녀의 학교와 가까운 임대주택지역에 우선 신청할 수 있는 방안 마련

– 한부모가족의 공공주택 확대와 취약계층의 한부모가족에게 안전한 주거권 보장

– 임신과 출산의 위급상황이나 탈시설 방안을 위한 대책 마련 및 순환형 긴급 주택 공급

2) 현황 및 문제점

• 부산시 한부모가구는 전체 가구 대비 9.5%에 해당하고 이중 15%만 정부지원에 의지, 나머지 85%는 사각지대 및 지원에서 제외되고 있다. 한부모가족증명서를 발급받기 위한 기준은 '기준 중위소득 60% 이하'. 요즘 코로나19 정부재난지원금을 '기준 중위소득 150% 이하'에게만 지급한대서 나라가 시끄러운데, 150%도 100%도 아닌 고

작 60% 이하가 그 기준이다.

구 분	1인	2인	3인	4인	5인	6인	비고
2021년 기준중위소득	1,827,831	3,088,079	3,983,950	4,876,290	5,757,373	6,628,603	
기준중위소득 (60%)	1,096,690	1,852,847	2,390,370	2,925,774	3,454,423	3,977,162	
생계급여(30%)	548,349	926,424	1,195,185	1,462,887	1,727,212	1,988,581	
의료급여(40%)	731,132	1,235,232	1,593,580	1,950,516	2,302,949	2,651,441	
주거급여(45%)	822,524	1,389,636	1,792,778	2,194,331	2,590,818	2,982,871	
교육급여(50%)	913,916	1,544,040	1,991,975	2,438,145	2,878,687	3,314,302	

구분	시급	월급
2021년	8,720원	1,822,480원

<2021년 국민기초생활보장 참조>

첫째, 특정 기준 이하의 빈곤층에게는 각종 지원을 몰아주지만, 그 기준을 1이라도 상회하는 이에겐 전혀 아무것도 주지 않는다. 아니, 아예 한부모라는 입증조차 할 수 없게 만들어버려 그 지위나 자격조차 부여하지 않는다.

둘째, 그 빈곤의 기준이 터무니없이 낮다.

셋째, 그 기준 이하에게 몰아주는 지원조차 애초에 빈곤층에게 지원하는 정도와 크게 다를 것 없는 수준이다.

넷째, 그 지원에 의존하기 위해서 계속 빈곤하기를 강요받는다. 이른바 탈脫수급 회피를 유도하는 것이다.

다섯째, 위법을 조장한다. 있어도 없는 척, 차 한 대를 굴려도 차명으로 굴리면서 거짓 수급자격을 유지하는 이들을 양산한다.

여섯째, 경제적 빈곤이 아니더라도 삶의 질을 결정하는 지표는 다양할 텐데, 오직 빈곤만을 척도로 삼는다. 이를테면 2인분의 몫을 해야 하는 한부모의 경우, 경제적 빈곤만큼이나 시간적 빈곤, 정신적 빈곤, 돌봄 자원의 빈곤에 시달리지만 이러한 빈곤의 정도는 안중에도 없다.

① 현재 한국건강가정진흥원 산하 건강가정지원센터가 전국에 설치되어 운영되고 있으나 일반가족, 다문화가족, 양육비 이행 등 다양한 지원으로 인해 한부모의 특수성(일, 돌봄, 양육을 혼자 부담)이나 유형별(자립, 주거, 상담, 돌봄 등) 전문화된 지원은 기대하기 어렵고 형식적으로 한부모 끼워넣기 수준이라는 목멘 소리와 저소득층 중심의 제한된 지원으로 상대적 박탈감마저 느낀다고 당사자들 사이에서 목맨 소리가 나오고 있다.

심리적 불안감, 주거위기, 자녀 돌봄, 건강, 경제문제 등 다양한 위기상황에 직면한 한부모들에게는 정보제공 중심의 전화상담만으로는 문제 해결이 어려운 실정이다. 자립기반을 마련하기 위해서는 정서적 지지와 임파워먼트 등 지지체계 구축이 필요하다.

② 한부모 가족은 '일·가정을 양립함'에 있어 양부모나 맞벌이 부부 가정에 비해 2중 3중의 어려움에 놓여 있지만 일·가정양립제도는 맞벌이 가족 위주로 되어있어 한부모 가족을 위한 일·가정 양립 지원제도는 존재하지도 않을뿐더러 사회분위기도 조성되어 있지 않다.

취업한 한부모의 42.2%가 10시간 이상 근무하며 주 5일 근무하는 한부모는 36.1%에 불과 정해진 휴일이 없는 경우도 16.2%로 한부모들이 자녀와 함께 보내는 시간 : 초등학생 자녀 하루 평균 '1시간~2

시간 미만'(33.3%) 중학생 자녀를 둔 경우에는 하루 '30분~1시간 미만(29.4%) 자녀의 연령이 많아질수록 자녀와 함께 보내는 시간은 감소하는 것으로 나타나 돌봄 공백과 시간 빈곤을 호소한다.(2018 한부모실태조사)

결국 소득빈곤과 시간 빈곤을 동시에 겪게 되는 것이다. 시간 빈곤은 단순한 현재의 나의 시간 부족 문제가 아니라 여가, 소득 등과 연관되며, 이로써 하나의 생활문화로 정착된다는 차원에서 볼 때, 미래의 생활에 영향을 미치는 중요한 문제이다. 부족한 시간을 스스로 확보할 수 없거나 주변으로부터 지원받을 수 없는 한부모 가족의 시간 빈곤 문제는 생존의 문제이다.

전염병 발생 등 긴급 상황일 경우 돌봄 서비스 우선권이 없어, 직장을 그만두거나 일에 지장을 초래하여 한부모가정의 일과 양립의 어려움이 매우 심각하다. 돌봄 제공자인 한부모가 돌봄의 책임을 다하기 위해 선택할 수 있는 노동 시장에서의 선택은 본인이 생각하는 최선의 선택이 아닌 돌봄 관계를 유지할 수 있는 일로 조건화된 즉 비선택적으로 조정된 차선의 선택이다.

③ 현재 부산시에 거주하는 미혼모/부를 대상으로 한 실질적인 지원은 시설 입소 외에 전무한 상황이며 한부모자 시설 입소의 경우, 최초 2년, 2년 연장, 최장 5년에서 최근 8년으로 늘여 한부모들의 자립 의지를 끊어 생활에 있어 불안정성을 피할 수 없다.

3) 이행 방법

- '한부모통합지원센터' 설립
- 민(시민단체, 사업자)관 협치(위탁) 확대
- 자립기간 유예

4) 재원 조달 방법

한부모가족지원에 의한 예산확보

15. 공약 15 – 코로나 시대 필수 돌봄 일자리 공공 전환

1) 정책 내용

포스트 코로나 시대를 준비하겠다 하지만 가장 큰 위기를 맞은 돌봄, 여성 일자리 대책은 현재 거의 없다. 고용유지 지원, 일자리 지원은 남성 위주 산업에 집중되어 있고, 코로나19 타격에 기혼여성 중 비취업 상태가 6년 만에 증가 상태이다. 위기 때마다 반복되는 해고, 육아, 가사로 인한 여성들의 고용 단절 대책이 필요하다. 또한 필수 노동인 돌봄의 사회화로 고용 단절 예방이 필요하다.

2) 현황 및 문제점

- 일자리 지표가 글로벌 금융위기 이후 11년 만에 최악 수준으로 떨어졌고 고용쇼크는 저소득층 특히 여성에게 더 집중되었다. 외환위기 때 여성들은 일자리를 잃고 해고 0순위가 되어도 여성실업은 심각한 사회문제로 대두되지 않았다. 글로벌 금융위기 때도 마찬가지였다. 이번 코로나19 위기도 가장 빨리 해고하고 가장 나중에 복귀시킬

것인가?

• 코로나 시대 여성들, 무급 돌봄 노동은 커지고 일자리는 줄어들고 있는 상황에 생계와 돌봄의 위협 속에 놓인 여성노동자들을 위한 대책을 강구해야 한다.

3) 이행 방법

• 사회서비스원 설립 및 운영 재원 확보

• 노인 돌봄 서비스 수요 급증, 보육 양육 등 사회서비스 수요 급증에 대응하기 위한 공공 부분 역할 강화가 필요하다. 또한 지역 내 사회서비스 질 제고를 위해 공공부문의 선도적 역할이 필요하다.

4) 재원 조달 방법

사회복지공동모금회, 시 자체 예산 및 보건복지부 예산으로 추진

16. 공약 16 – 여성주거 안정화 – 보증금, 임차료 지원 정책 실시

1) 정책 내용

• (청년, 취약 및 고령자) 여성 1인 가구 주거 선택 바우처제 : 임차료 일부 지원

• (청년, 취약 및 고령자) 여성 1인 가구 주택임차 지원 강화 : 주택임차보증금 대출 및 이자 지원 확대

2) 현황 및 문제점

• 1인 가구의 증가는 최근 들어 전 연령대로 확산되며 지속적으로 증가하고 있음. 부산의 여성 1인 가구는 남성 1인 가구에 비해 약 10% 정도 높으며, 최근 남성의 증가율보다는 낮은 것으로 나타났지만, 여전히 높은 수준임. 이는 남성에 비해 상대적으로 미혼율 및 사별 등의 증가가 원인인 것으로 나타났으며, 절대빈곤율 또한 꾸준히 증가하여 최저생계비에도 못 미치는 여성 1인 가구가 절반에 육박하고 있는 것으로 조사되었음. 가구가 보통 가구에 비해 여러 범죄에 노출될 가능성이 많다고 보여지는 부분은, 세대별 1인 가구 생활의 불안한 점에 대한 설문조사에서 전 연령대에서 경제적 불안감 다음으로 안전에 대한 불안감을 높게 표출하고 있다는 점에서도 알 수 있음.

• 부산광역시 고령인구비율은 18.7%로 영도구, 중구, 동구, 서구, 수영구, 금정구는 평균 23.8% 임. 고령인구비율 20% 이상은 초고령사회에 진입하였음을 의미하는데, 비교적 재정 및 주거환경이 열악한 원도심 지역이 초고령 인구 지역이라는 것은 고령 인구의 빈곤을 드러내고 있음. 또 부산은 전국에서도 60 이상 1인 가구가 가장 많은 지역임.

• 여성 1인 가구는 안전한 거처를 확보하기 위하여 월 소득 대비 높은 주택 임대료를 부담하거나(월 소득 대비 주택임대료 비율: 여성 21.7%, 남성 15.3%), 아니면 열악한 주거환경에서 불안감을 안고 살아가고 있음.

• 최근의 1인 가구 정책은 청년층을 중심으로 추진되고 있지만 부산의 상황을 고려할 때 청년은 물론 취약 및 고령자 중심의 1인 가구 지원 정책이 무엇보다도 시급함.

3) 이행 방법

- 부산광역시 1인 가구 지원에 관한 조례 확대 개정
- (청년, 취약 및 고령자) 여성 1인 가구 주거 선택 바우처제 : 임차료 일부 지원
- (청년, 취약 및 고령자) 여성 1인 가구 주택임차 지원 강화 : 주택임차보증금 대출 및 이자지원 확대

4) 재원 조달 방법

주택공사 등과 협약, 부산시 자체 예산 조달

17. 공약 17 – 여성1인 안심홈 + 안전취약 건축물 테   비용 지원

1) 정책 내용

- 여성 1인 가구 출입 안전 서비스제 도입
- 여성 1인 안심 홈 사업' – 안심 홈세트 : 외부 움직임을 감지해 스마트폰으로 캡처 사진이 전송되는 폐쇄회로(CC)TV, 집 안에서 외부를 확인할 수 있는 '디지털 비디오창 벨', 이중 잠금장치인 '창문 스토퍼', '현관문 보조키' + 스마트워치(버튼식 신고)
- 공공임대주택 및 소형 임대주택의 범죄예방 환경설계(CPTED) 독려 및 지원
- 관련 제도 정비 및 보완

2) 현황 및 문제점

• 1인 가구 급증(1985년 6.9% → 2017년 28.5% → 2019 30.2%

• 여성 1인은 소득이 낮고 주거비 지출이 커서 월 소득 대비 주거비 부담이 높음(월 소득 대비 주택 임대료 비율: 여성 21.7%, 남성 15.3%) ** 여성이 소득 대비 임대료 지출이 큰 이유는 안전한 거처 확보를 위해서.

• 최근 대연동 원룸촌 성폭행 사건 등 주거 침입 및 여성의 신변과 안전을 위협하는 사례가 늘고 있음. 이에 대한 전반적인 안심 홈 제도를 추진해야 함.

3) 이행 방법

• 여성 1인 가구 출입 안전 서비스제 도입

• 여성 1인 안심 홈 사업'

안심홈세트 : 외부 움직임을 감지해 스마트폰으로 캡처 사진이 전송되는 폐쇄회로(CC)TV, 집 안에서 외부를 확인할 수 있는 '디지털 비디오창 벨', 이중 잠금장치인 '창문 스토퍼', '현관문 보조키' + 스마트워치(버튼식 신고)

• 공공임대주택 및 소형 임대주택의 범죄예방 환경설계(CPTED) 독려 및 지원

• 관련 제도 정비 및 보완

■ 여성 1인 가구 출입 안전 서비스제 도입

① 사업 개요

• 주거관리를 위해 방문객이 집으로 방문하는 경우 외부인 출입 정보를 전달하는 시스템 구축

② 추진 배경

• 가구 및 전자제품 수리, 택배 배달 등의 주거관리를 목적으로 외부인이 방문하는 경우 여성 1인 가구는 신체적인 위협을 경험하게 됨

• 혼자 사는 것이 2인 이상 가구보다 범죄에 더욱 노출된다는 의견에 대한 동의 정도에 대해 동의 48.9%(매우 그렇다 2.7% + 그런 편이다 46.2%), 보통 35.2%, 비동의 15.9%(그렇지 않은 편이다 14.2% + 전혀 그렇지 않다 1.7%)로 나타남

③ 정책 목표

• 외부인 출입정보 시스템 구축을 통한 1인 가구 대상 범죄 예방 및 안전 대책 마련

④ 세부 내용

• 여성 1인 가구에 외부인이 주거관리를 목적으로 방문한 경우 외부인의 출입정보를 인근 파출소로 전달하는 시스템 구축 및 운영(이민홍 외, 2015:64)

⑤ 기대효과

• 1인 가구의 범죄에 대한 불안감 해소

출처: [2017-15] 부산지역+1인가구+증가에+따른+종합정책연구(부산여성가족개발원)

■ **범죄예방 환경설계(CPTED) 독려 및 지원**

① 사업 개요

• 소형주택 임대사업자의 범죄예방 환경설계 시설 확충 시 혜택

제공을 통한 독려

② 추진 배경

• 1인 가구 중 여성과 고령자의 비율이 상대적으로 높아 1인 가구 밀집 지역의 경우 범죄 노출 가능성이 높음

• 1인 가구 밀집지역이 상대적으로 불량한 주택지역에 해당되므로 범죄예방 등의 주거환경 개선 필요

• 김보람(2016)에 따르면 청년여성 1인 가구는 안전한 주거환경 확보를 위해 더 높은 주거비 지출과 이로 인한 경제적 부담을 감당하고 있음

③ 정책 목표

• 1인 가구의 주거지 불안 해소를 위한 안전시설 지원

④ 세부 내용

• 안전에 취약한 연립/다세대, 저층 거주 1인 가구를 대상으로 우선적으로 설치 지원

• 방범창, 주 출입구 보안시설 등 건물 전체 안전시설 설치비용 일부 지원

• 범죄예방 환경설계 시설 확충 시 세제감면 등 인센티브 지원

(변미리, 2014; 이석환 외, 2015; 김보람, 2016)

⑤ 기대효과

• 소형주택 임대사업자의 환경개선 사업 참여 유도

출처: [2017-15] 부산지역+1인가구+증가에+따른+종합정책연구(부산여성가족개발원)

4) 재원 조달 방법 시 자체 예산으로 추진

18. 공약 18 - 여성쉐어하우스 및 여성안심주택 마련

1) 정책 내용
전 연령대 여성을 위한 여성쉐어하우스 및 여성안심주택 신설 및 확대

2) 현황 및 문제점
• 청년 일자리 부족, 저출산·고령화, 양극화 등 구조적인 사회문제가 심화되고 있으나, 이러한 사회구조 변화에 대응하여 생애 단계별 맞춤형 주거지원은 미흡한 상황이다.

• 정부에서는 주거복지 로드맵을 통해 저출산, 고령화 등 사회구조적 문제에 적극 대응하기 위해, 안심하고 사는 주거환경 조성, 청년과 신혼부부 주거부담 경감 등을 핵심 국정과제로 내세웠다.

• 그러나 여성은 청년 혹은 신혼부부일 경우에만 주거복지의 혜택의 수혜자로서 자격이 부여되고 있는 상황이다.

• 1인 가구가 30%를 넘어서고, 부산지역은 특히 고령 1인 가구가 많은 상황에서 혼인 여부를 떠나, 연령 여부를 떠나 여성들이 매우 취약한 주거 지위를 갖고 있음을 감안하여 적극적인 주거 정책을 펼칠 필요가 있다.

3) 이행 방법
• 전 연령대 여성을 위한 여성 세어하우스 및 여성안심주택 신설 및 확대

4) 재원 조달 방법 국토부, 및 시 자체 예산

19. 공약 19 – 부산여성장애인종합지원센터 설립

1) 정책 내용

부산여성장애인기본법 제정 및 부산여성장애인 종합지원센터를 건립하여 생애주기별 임신, 출산, 양육, 결혼, 취업 등 생애 전 과정에서의 지원을 통하여 모성권, 교육권, 노동권, 건강권을 지원받도록 함.

2) 현황 및 문제점

• 여성장애인은 여성, 장애, 빈곤의 다중적 차별과 생애주기별로 임신, 출산, 양육, 결혼, 취업 등 생애 전 과정에서 어려움을 겪고 있다.

• 관련된 지원체계 구축이 미미하고 장애유형별, 장애정도별, 소득계층별 불균형의 문제점이 보이는데 장애인 지점 관점과 젠더 관점이 반영된 정책계획 수립 근거가 마련되어야 한다.

• 생애주기별로 어려움을 겪는 여성장애인에게 관련된 법이 제정되어 모성권, 교육권, 노동권, 건강권을 지원받을 수 있어야 한다.

여성장애인센터가 설립되어 원스톱으로 서비스를 받을 수 있어야 한다.

• 여성장애인기본법에 의거 여성장애인센터가 설립되어 교육, 의료, 복지, 취업, 가사지원, 상담사례관리 등 원스톱으로 서비스받을 수 있어 여성장애인 지원이 확대된다.

• 생애주기별로 직면하고 있는 문제를 실질적으로 적절한 지원이 가능 맞춤형 지원 서비스를 누릴 수 있어 삶의 질이 향상된다.

• 지역사회 공동체 참여기회가 늘어난다.

• 전 사회적인 고령화로 여성장애인도 고령화, 초고령화가 눈앞에 있는데 비장애인과 차별화된 서비스를 받을 수 있다.

3) 이행 방법
• 여성장애인기본법 제정
• 여성장애인센터 설립

4) 재원 조달 방법 자체 시비로 추진

20. 공약 20 – 여성장애인 폭력 피해자 지원 확대

1) 정책 내용
• 여성장애인 가정폭력 피해자 보호시설 설치 및 운영
• 정신장애인 성폭력·가정폭력 피해자 보호시설 설치 및 운영
• 여성장애인 성매매 피해자 보호시설 설치 및 운영

2) 현황 및 문제점
• 지난 2월부터 시작된 팬데믹(코로나19 상황)이라는 상황에서 여성장애인 폭력 피해자들은 쉼터 입소가 거의 불가능하였음. 코로나

검진 이후 입소가 가능하였지만 시설마다 여러 이유를 대면서 여성장애인 폭력 피해자들은 입소가 불가하였음. 특히 부산에는 여성장애인 가정폭력 피해자 보호시설이 부재하여 이들이 입소할 곳이 없으며, 비장애인 가정폭력 시설은 실제적인 기술(밥하기, 신변처리가능, 이동가능 등)을 요하여 중증 여성장애인의 경우, 비장애인 쉼터에 입소할 수 없음.

• 정신장애인 폭력 피해자는 정신장애 특성상 충동적으로 행동과 과잉행동을 하며, 약물을 복용함. 폭력 피해자들은 대부분 트라우마로 인한 정신과 약물을 복용하지만 정신장애인 폭력 피해자는 그것과는 다름. 비장애인 상담소와 보호시설에서는 정신장애인을 상담하거나 입소를 꺼려하고 있음.

• 성매매 피해 여성 중 발달장애인(지적) 수가 증가하고 있음. 이들은 친족 성폭력과 가정폭력으로 가출하여 성매매에 유인되는 등 다양한 가정환경의 이유로 가출하여 성매매로 이어지는 경우가 있음. 비장애인 성매매 시설에 가보면 발달장애인들 수가 많으며, 이들을 분리하여 보호할 필요가 있음.

• 여성장애인 가정폭력 피해자 쉼터 연계가 용이하며, 타지역으로 이동하지 않고 연고지에서 안정적인 지원 가능.

일선에서 기피하고 있는 정신장애인 폭력 피해자들을 안정적으로 지원할 수 있음.

• 성매매로 유입되고 있는 발달장애인 피해 여성들을 지원 가능.(상담, 의료, 법률, 쉼터 연계 등)

3) 이행 방법

- 여성장애인 가정폭력 피해자 보호시설 설치 및 운영
- 정신장애인성폭력 · 가정폭력 피해자 보호시설 설치 및 운영
- 여성장애인 성매매피해자보호시설 설치 및 운영

4) 재원 조달 방법 시 자체 예산

21. 공약 21 – 여성장애인 교육권 및 교육접근성 확보

1) 정책 내용

부산지역 여성장애인의 학력 소외 현상을 극복하고 다양한 교육 프로그램을 제공함으로써 여성장애인의 교육권과 교육 접근성을 확보한다.

2) 현황 및 문제점

- 여성장애인 중졸 이하 학력 (전체 여성장애인의 72%, 전국 장애인의 54.4&) 소외 현상이 심각하다.
- 비장애인에 비해 운영 프로그램이 다양하지 않으며, 장애유형 (시각, 청각, 지체, 중도, 중복 등) 및 장애도 등을 고려한 프로그램이 부족하다.
- 여성장애인의 자립과 사회통합을 위해
- 여성장애인의 사회참여가 높아지고 스스로에 대한 자존감 향상

을 기대한다.

- 자신의 삶에 대해 긍정적인 기대가 높아질 것이다.

3) 이행 방법

- 장애유형을 고려한 학력 인정 맞춤형 학습시스템 등 장애인의 문해교육 프로그램을 통한 학력인정 체계 마련
- 관계부처 및 유관기관 협의회 등이 운영되고 있으나 체계적이고 지속적인 평생교육 지원 연계 체계 구축 필요
- 여성장애인 당사자 입장에서의 평생교육 참여를 위한 지원(보조인력 또는 보조기기의 지원, 교통수단의 제공, 경제적 비용지원 등)

4) 재원 조달 방법 자체 시비로 추진

22. 공약 22 – 여성 청년 심리상담지원사업 실시

1) 정책 내용

2030 청년 여성들을 위한 심리상담 지원사업 추진

2) 현황 및 문제점

- 코로나 블루로 미취업, 실업을 겪은 2030 여성들의 자살률이 급증하면서 심각한 사회적 문제로 떠오르고 있다.
- 보건복지부의 자살의 사회적 비용은 6조 5천억 원대에 육박한

다. 엄청난 사회적 비용에도 불구하고 자살률은 떨어지지 않고 매년 안타까운 사태가 발생하고 있다. 이것은 매우 심각한 사회적 문제이며, 자살 예방을 위한 근원적인 정책적 고민이 필요함과 동시에, 긴급한 심리 상담지원에 대한 예산이 투입되어야 한다.

• 서울시를 비롯한 지자체에서는 청년 심리상담지원을 실시하고 있다. 부산에서도 긴급한 청년 심리상담 지원사업이 필요하며, 그중에서도 특히 위기상황에 놓인 여성 청년에 대한 심리상담지원이 필요하다.

3) 이행 방법
• 부산시 청년 기본조례에 청년의 심리적 안정 및 자립지원 사업 추진
• 예산 배정하여 청년들을 대상으로 한 1:1, 집단 심리상담 지원 사업 수행

4) 재원 조달 방법 자체 예산 추진

23. 공약 23 – 여성 청소년 안심 생리대 무상 지원

1) 정책 내용
여성 청소년에게 안심 생리대를 무상으로 지원함으로써 여성의 월경권을 보장한다.

2) 현황 및 문제점

• 경기도와 서울시에서 여성청소년에게 생리대를 무상 지급하는 내용의 조례를 통과시켰다.

• 2016년 깔창 생리대 사건

• 한국소비자원이 발표한 자료를 보면 한국 생리대 가격은 개당 평균 331원 정도로 경제협력개발기구(OECD) 36개국 중 가장 높다. 영국 BBC 분석 결과에 따르면 아시아 18개국의 여성들은 평균적으로 월 수입의 6%를 생리용품에 지출한다고 한다.

• 거기에 2019년 생리대 파동 사태로 생리대 안전 문제까지 대두되면서 유기농 안심 생리대를 비싼 가격에 구입하는 여성들이 늘어나고 있고, 이 상황에서 여성청소년에게 안심 생리대를 구매하는 것은 점점 더 어려운 과제가 되어가고 있다.

• 인구 절반인 여성 대부분이 생애 주기 속에서 생리를 하고 있다는 점에서 생리대는 사치품이 아닌 필수품이다. 필수품에 대한 무상 지원 방안을 적극적으로 고려하여 여성청소년 무상 생리대 지급을 시행해야 한다.

3) 이행 방법

• 여성 청소년 안심 생리대 무상 지원 관련 조례 제정

• 월경권 보장을 위한 교육, 안심 생리대 인증 등 기업과의 협약 체결

4) 재원 조달 방법 자체 시비로 추진

24. 공약 24 - 부산 문화예술 성평등조례 제정 및 성평등 문화정책 기본계획 수립

1) 정책 내용
• 성평등 문화정책과 실행을 위한 종합계획 수립 및 부산문화예술 성평등 조례 제정 추진
• 부산문화예술계 성평등 연구
- 문화정책 사업의 성별 영향평가 및 성평등 평가지표 개발
- 부산지역 성평등 문화정책 실태조사
• 부산문화예술계 성평등문화정책 확대
-여성 예술인들의 대표성 지원 확대 방안
-성평등 창작, 예술지원사업 추진 방안
• 부산문화예술계 성폭력 근절
-성희롱, 성폭력 피해지원센터 상시 운영
-예술인 대상의 성인지 감수성 교육 의무화
-예술 공공기관 성평등 지침 마련 시행조치
• 부산문화예술계 성평등 정책 추진체계를 위한
- 부산시 담당부서 및 담당관 배치

2) 현황 및 문제점
• 2018년 미투 운동이 문화예술분야에 두드러지게 부각되면서 젠더 관점의 문화정책 적용의 필요성과 시급성이 제기됨
• UNESO는 이미 2005년 유네스코 협약을 통해 '여성이 문화예

술을 창작하고 생산, 소비의 생태계 속에서 소외받고 있으며 따라서 여성문화예술인 지원 및 문화생활 향유의 증진을 촉진할 것은 명시함.

• 부산지역은 국제영화제 등 문화도시임을 자평하고 있지만 문화도시정책에 성평등문화정책은 전무하며 문화예술계 성별분리통계, 성별 영향평가 등은 거의 적용되지 않고 있음 부재하며 여성문화/예술에 대한 지원은 양성평등 종합계획에서 극히 일부분만 다루고 있음. 따라서 지역에서 성평등 문화정책을 수립하고 펼칠 수 있는 기본적인 계획과 종합적인 로드맵 구성이 필요함.

• 부산문화예술계 성평등 정책의 컨트롤 타워 부재: 현재 문화예술계 성평등 정책을 추진함에 있어서 컨트롤타워 역할의 부재로 성평등정책연구, 성평등문화영역확대와 같은 장기적 관점의 정책 추진의 동력이 발생하고 있지 않다. 중앙의 경우 문체부가 컨트롤타워가 되어서 성평등 정책의 주요과제들을 도출하고 예산을 배정하고 담당부서와 담당관을 배치하여 성평등을 핵심과제로 삼고 있다. 부산의 경우는 성평등 정책 추진을 위한 활동을 지역에서 가장 먼저 시작하였지만 컨트롤타워 부재로 인해서 문화예술 전 영역의 성평등 관점을 반영하기 어려운 상황.

• 피해지원센터 : 현재 부산문화예술계의 경우 예술인 대상의 피해지원센터를 운영하고 있지만 지속적인 예산 문제로 운영 중단 사태를 겪어왔다. 부산시와 시의회가 문화예술계만의 특수성이 인정하지 못하고 여성가족부가 문제 해결을 일임하며 책임지지 않는 사태들이 발생하였다. 피해지원센터의 안정적인 운영과 예술계의 특수성을 반영한 전문적인 지원센터의 역할 필요.

• 앞서 기재한 성평등 주요 정책이 추진되기 위해서는 부산시가 컨트롤타워가 되어서 담당부서를 배치하고 담당관을 배치하여 체계적이고 장기적인 성평등 정책 마련이 필요함.

3) 이행 방법
• 부산시 문화예술과 예술인 복지분야에 성평등 담당부서 및 담당관 배치
• 예술인 성폭력 근절 및 성평등 정책 추진
• 성평등연구, 문화 확산, 성폭력근절 정책 시행에 따른 예산확대

4) 재원 조달 방법
• 부산시에서 부산문화예술 성평등정책 담당부서 및 당담관 배치
• 담당부서 및 담당관 배치에 따른 인력 예산 충원
• 성평등연구, 성평등문화정책 추진을 위한 예산 배정

25. 공약 25 – 여성문화콘텐츠 발굴 및 여성문화예술인 양성촉진 지원

1) 정책 내용
• 부산여성영화제, 성평등 축제 등 여성문화콘텐츠 발굴
• 여성문화 활동/여성문화전문인력 통계 DB구축 및 일자리 플랫폼 구축
• 여성문화예술기획 전문인력 양성

- 문화예술분야 여성인력 할당제 도입

2) 현황 및 문제점

- 예술 현장에서도 보수가 높고 권한과 자율성이 많은 자리에는 여성이 배제되고 임금과 고용 안정성이 낮은 직급에는 여성의 고용 비율이 높은 불평등한 권력구조가 작동되고 있음.

- 특히 타 산업 및 일자리보다 더 불안정한 예술계에서 더욱 불안정한 위치에 놓여 있는 것이 여성 예술인임.

- 한국콘텐츠진흥원이 발표한 2016년 '문화산업 고용 형태별 성별 종사자 현황'에 따르면, 영화산업의 정규직 남녀 구성비는 남성이 92.2%, 여성이 7.8%로 큰 격차를 보임.

- 2018년 한국 영화계의 정책을 기획하고 실행하는 역할을 하는 영화진흥위원회의 전 직원 중 여성 비율은 29%, 무기계약직 여성 비율은 74%, 고위직 여성 비율은 14%

- 이러한 현장에서의 성차별적 관행과 구조는 예술작품에서의 '여성 서사', '여성 캐릭터의 부재', '여성에 대한 성폭력과 혐오 재현'과 밀접한 연관이 있음.

- 일상에서의 성평등문화를 확산하고 성평등의식을 제고할 수 있는 기회를 늘리고 부산의 지역성을 담은 여성문화콘텐츠를 발굴하고 육성, 지원하는 두 가지 방향으로 설정할 필요가 있음.

- 따라서 여성주의 문화예술 콘텐츠에 대한 제작 지원, 여성 예술인에 대한 성장지원, 젠더 감수성을 가진 전문 행정인의 양성 등이 필요함.

4) 기대 효과

- 여성의 문화예술 창작 및 향유에 대한 권리 증진
- 여성문화예술인 인권보호 및 예술활동 증진
- 지역 사회 내 성평등 문화 확산

26. 공약 26 − 페미니즘/성평등 교육 정규화

1) 제기 배경

- 교육에서의 평등이란 일차적으로는 '학습자가 성별에 따른 고정관념이나 편견 없는 교육내용과 교수 방식에 노출되어야 함을 의미'함.
- 더 나아가서는 배움의 전 과정에서 일어나는 비가시적이지만 차별적인 지식이나 교수 행위가 교육의 외적 결과인 사회경제적 불평등과 어떻게 맞닿게 되는가를 보다 적극적으로 알려주어야 함.
- 그러나 교육 접근성에 대한 불평등은 개선되고 있으나 교육체계에 대한 성 불평등 메커니즘에 대한 접근과 해결점은 여전히 부족함.
- 따라서 기존의 교육체계 안에 페미니즘과 성평등 교육이 정규과정이 편성되게 하여 성평등 한 교육내용과 교수 방식으로 전환할 수 있도록 하는 것이 필요함.

2) 정책 내용

- 초, 중등 학교용 성평등 교과서 개발 및 교재채택

- 초, 중등 교과과정에 '성평등 교육'을 정규 교과목으로 채택
- 보건교사 등의 겸직이 아닌 성평등 전문교사 배치
- 교육대학교와 사범대학 교육과정에 페미니즘/성평등 교육을 의무화
- 대학교육과정에 성평등 및 페미니즘 과목 개설 의무화

3) 기대 효과
- 교사 및 교육종사자들의 성평등 의식 함양 및 조직문화 개선
- 초등부터 대학교육에 이르기까지 교육과정 전반에 걸쳐 실질적인 성평등 의식 함양

VI

동구 다행복지구
어린이 · 청소년의회
정책 제안서

정리 : 김동규

1. 정책 제안서 1 – 길, 길, 길!!!
(놀이터가 된 길, 아이들이 즐겁고 안전한 길, 모두가 행복한 길)

1. 제안 배경
- 부산과 동구의 다양한 통계를 보고 부산과 동구가 고령화로 인한 문제가 많다는 것을 알았다.
- 동구와 부산이 고령화로 인해 고령화 서비스와 시설은 많으나, 상대적으로 아이들을 위한 시설과 서비스는 없었다.
- 특히, 아이들이 놀 수 있는 공간이 너무 없다. 그래서 놀이터를 좀 더 많이 만들거나, 빈 집이나 빈 공간을 아이들을 위한 공간으로 만들면 좋겠다고 생각을 나누었다.
- 우리가 학원을 마치고 집으로 갈 때, 가로등이 없어서 너무 무서운 경우가 많았다.
- 결론 : 동구의 길을 쾌적하고 즐겁되, 안전한 놀이터로 만들면 되겠다. 특정한 길을 선정해서 아이들이 행복한 놀이 길로 만들자.

2. 주요 내용(각 길의 성격과 사례)
1) 즐거운 길

가로등과 놀이터 기능을 결합한 길로서 아이들을 포함하여 모든 사람들이 즐거운 길로 디자인한 것.

사례 : 그네 가로등, 꽃 가로등, 태양 전지 해파리 가로등, 사람 이미지 가로등, 쿠키몬스터 쓰레기통, 고래 놀이터 벤치, 특이한 벤치

(타자기 벤치, 손으로 받치고 있는 벤치, 보도블록에서 뜯어져 나온 듯한 벤치, 맨해튼의 가로등 벤치), 해먹 벤치, 상어 포토존 벤치, 이동 가능 재활용 벤치, 낡은 문(창문)을 재활용한 미로길, 등

2) 청결하고 안전한 길

가로등의 기능(길 밝히기)과 안전을 청결을 유도하는 기능과 결합한 길로서 필요한 구간에 이 길을 적용하자.

사례: 테트리스 쓰레기통, 미니언즈 쓰레기통, 그라피티(스프레이로 그림을 그린) 쓰레기통, 인기투표로 담배꽁초 버리는 쓰레기통

3) 모두가 행복한 길

유니버설(모두를 위한) 디자인의 아이디어와 복지의 개념을 길의 시설물(벤치, 가로등)과 결합한 모두를 위한 길

사례: 캐나다의 노숙인을 배려한 공공 벤치, 충전 벤치, 와이파이 쓰레기통

4) 지구를 사랑하는 길

놀이터에서 아이들이 놀면서 전기를 생산하는 아이디어에 착안한 길로서, 쓰레기를 분리수거하면 지역 화폐나 지역 마일리지를 지급하는 것으로, 동구를 생태-환경적으로 지속 가능한 지역으로 만들려는 아이디어가 구현된 길

사례 : 쓰레기 이바구 페이(동구 마일리지) 지급 자판기, 쓰레기 인형 뽑기, 그네 가로등(놀이를 통한 전기 생산), 태양 전지 해파리 가

로등, 담배꽁초 투표 통, 이동가능 재활용 벤치, 충전 벤치.

〈참고사항〉

• 지속가능성: 쓰레기 재활용이 동구의 지역화폐와 연결될 수 있도록 한다.(이바구 페이, 동구 마일리지) → 카드나 통장에 저축이 되도록 한다.

• 동구의 방문자들도 동구의 경제에 도움이 될 수 있도록 한다.(이바구 페이는 동구에서만 써야하기 때문에.)

• 기능성이 쾌적함과 여흥과 연결될 수 있도록 상상했다.

• 놀이의 에너지가 다른 에너지로 전환되고 활용할 수 있도록 한다.(전기 생산 가로등의 경우 → 그네 가로등)

3. 최종 제안

• 우리가 안전하게 다닐 수 있는 길을 만들자.

• 놀이터가 없다면, 길을 즐거운 놀이터로 만들자.

• 에너지 순환과 지역 경제에 도움이 되는 지속 가능한 길을 만들자.

• 놀이길을 지역의 주요 장소와 연결할 수 있으면 좋겠고, 항시 놀이터로 만들 수 없다면, 특정 시간대를 놀이길로 만들어도 좋겠다.

• 놀이길 설정은 타 분과에서 조사한 결과를 토대로 적용하면 좋을 것 같다.

제안 분과 : 초등학교 6학년 분과

이름(학교) : 장우석(수성초등학교), 김아영(수성초등학교), 김은슬(수정초등학교)

장도우(수정초등학교), 이유빈(성남초등학교), 박찬양(범일초등학교)

진수연(동일중앙초등학교)

지도 교사 : 김동규(민주시민교육원 나락한알 원장)

2. 정책 제안서 2 – 반짝반짝 안전하고 깨끗한 골목길 만들기

1. 제안 배경

• 저녁 시간 이후 집을 오가는 길, 특히 골목에 조명이 없어 무섭
거나 위험하다고 느낀 적이 많았다.

• 골목길에 쓰레기가 함부로 버려져 있어서 보기에 좋지 않다.

• 가끔 술에 취한 어른이 길에 있어서 다니기에 불안했다.

1) 범곡사거리 앞 아파트 공사 중인 곳
   : 가로등이 없고 지저분하다.

2) 서광교회 위쪽 골목길 : 가로등이 간격
   이 멀어서 어두운 곳이 생긴다.

2. 주요 내용

• 조명이 어두운 골목길 현황 조사

3) 성북시장에서 제이마트 방향으로 뻗은 길

4) 운정사 올라가는 길과 그 앞길 : 파란 줄로 표시한 앞길에는 조명이 있지만 어둡고 운정사 올라가는 길은 조명이 없다.

• 비슷한 타 지역 사례 또는 이전 사례 조사

– 대구 동구는 가로등을 설치하기 좁은 골목길에 센서등을 설치했다.(https://www.youtube.com/watch?v=dHDkBBgy47s 2만원짜리 태양열 가로등이 골목에 달리자 생긴 일)

– 부산 동구 초량에 쏠라표지병을 설치한 적이 있다.

(http://www.busan.com/view/busan/view.php?code=2017111 7000156 부산일보 2017년 11월 기사)

– 주택가에 너무 밝은 가로등을 설치하면 주민들이 오히려 빛 공해에 시달리기도 한다.

http://www.kookje.co.kr/news2011/asp/newsbody.asp?code
=0300&key=20160421.22007194548 국제신문 2016년 4월 기사 〈
집안까지 비추는 가로등, 빛 공해 민원 1등〉

3. 최종 제안

• 어두워서 다니기 힘든 골목길에 조명을 밝히자.

– 폭이 넓고 주택이 조금 떨어져 있는 곳은 가로등을, 골목이 좁
아 빛 공해가 염려되는 곳은 센서 등이나 쏠라표지병을 다는 등 상황
에 맞는 조명을 설치한다.

• 쓰레기를 길에다 버리지 않도록 골목 중간에 쓰레기통을 만들
어두자.

• 범죄를 예방할 수 있도록 CCTV를 달거나 경찰서로 바로 비상
상황을 알릴 수 있는 신고 버튼을 설치하자.

제안 분과 : 초등학교 5학년 · 중학교 1학년 분과

이름(학교) : 윤준휘(수성초등학교), 이성윤(수성초등학교), 이명준(수성초등학교)

　　　　　송아현(경남여자중학교), 고경서(부산동여자중학교)

　　　　　이하은(선화여중)

지도교사 : 김유진(부산민주시민언론연합)

3. 정책 제안서 3 – 동구 청소년 문화의 집을 제안합니다

1. 제안 배경

• 현재 살고 있는 부산과 동구 관련된 여러 종류의 통계를 살펴보고 청소년이 생각하는 동구를 문장으로 다음과 같이 표현하였다.

"노인이 살기 좋은 곳이다", "청소년의 놀 거리가 부족한 곳이다"

• 부산 동구에는 여러 가지 체육 시설과 유흥 시설 등이 있지만 청소년을 대상으로 하는 문화 프로그램이나 체육 시설이 부족하다는 것을 알았다.

• 주변 지역인 중구와 영도구에는 청소년 관련 문화 센터가 있지만 동구에는 청소년을 대상으로 한 문화 센터가 없음을 알았다.

• 결론 : 동구의 청소년 문화의 집을 제안하고자 한다.

2. 주요 내용(청소년이 제안하는 청소년 문화의 집이란)

> **우리가 놀 수 있는 곳이 필요한 동구!**
> 학교·버스 정류장이랑 가깝고,
> 비싸지 않은, 관리가 잘되고, 보기 좋은,
> 노는 곳이 필요해요!

1) 편하게 앉아서 얘기를 할 수 있는 곳

동구에 있는 놀이터들은 영유아들을 위한 시설만이 배치되어 있거나 그 수가 적어 청소년이 이용하기에 부담스러운 면이 있다. 돈을 내야지 벤치를 쓸 수 있는 편의점이 아닌, 친구와 돈 없이도 편하게 얘기할 수 있는 곳이 필요하다.

2) 마음 놓고 공부할 수 있는 곳

시험기간이 되면 근처 도서관에 학생들이 몰리고 모두가 앉기에 도서관 자리는 부족하다. 집 외에는 마음 놓고 공부를 할 수 있는 곳이 없다. 청소년이 마음 놓고 공부하고 숙제를 할 수 있는 곳이 필요하다.

3) 체력을 기를 수 있는 체육관

동구의 중학교 중에는 운동장이 없는 학교도 있어 체육 활동을 거의 하지 못한다. 동구국민체육문예센터는 청소년보다는 성인 위주의 프로그램이 많이 구성되어 있다. 동구의 청소년도 학교를 다니면서 체육 활동도 마음껏 할 수 있는 체육 시설이 필요하다.

4) 청소년만을 위한 공간보다는 모두를 위한 공간으로!

동구의 좁은 골목을 지날 때면 차도와 인도의 구분이 거의 없어 위험하다. 휠체어가 다닐 수 있는 도로나 가게의 수가 적다. 동구에 함께 사는 사람들도 신체조건과 상관없이 자유롭게 다니고, 교류할 수 있는 공간이 필요하다.

5) 청소년이 직접 꾸리는 문화의 집, '은가비' 문화센터

• '청소년 문화의 집'이라는 단어는 '청소년만을 위한' 문화의 집으

로 보일 수 있어 이름을 다시 정할 필요가 있었다. '은가비(은은한 가운데 빛을 발하라)'라는 단어로 문화센터의 이름을 새롭게 정하였다.

  • 광주의 '야호 센터'는 청소년들이 직접 공간을 꾸미고, 필요한 정책을 제안해서 공간을 이끌어 간다. 부산 동구의 은가비 문화센터도 청소년이 직접 의견을 제안하고 프로그램을 기획하는 '청소년 진행 위원회'가 필요하다고 생각한다.

3. 최종 제안

  • 청소년이 놀 수 있는 곳을 만들자.

  • 동구는 청소년이 마음 편하게 놀 수 있는 시설이 부족하다. 돈이 없어도 놀 수 있고 공부도 할 수 있는 공간을 상상해보자.

  • 청소년을 위한 시설이 부족한 건 맞지만, 청소년만을 위한 시설이 필요하기보다, 청소년이 이끌고 동구 시민 모두가 누릴 수 있는 공간이 필요하다. 동구 시민이면 누구나 이용할 수 있고, 청소년 진행 위원회가 공간을 꾸려가는 '은가비' 문화센터를 제안한다!

은가비 문화센터

'은가비'란 '은은한 가운데 빛을 발한다'는 뜻을 가진
순우리말입니다. 동구 '은가비' 문화센터는
학생들이 즐겁고 쉽게 사용할 수 있는 공간이며,
학생들이 주도적으로 의견을 공유하는 공간입니다.

제안자 : 중학교 3학년 분과

이름(학교) : 강연욱, 민소윤, 조주희(경남여자중학교), 이서희(부산동여자중학교)

서미루, 주서빈(선화여자중학교)

지도교사 : 성승은(민주시민교육원 나락한알 사무국장)

4. 정책 제안서 4 – 동구를 문화 교육의 도시로 만들기

1. 제안 배경

• 타 지역에는 번화가나 문화체험 공간이 있지만, 동구는 청소년이 편하고 쉽게 접할 수 있는 곳이 부족하다.

• 동구는 청소년 진학 프로그램이나 진로상담 센터가 있지만, 홍보 부족으로 인하여 활성화가 안 되어 있다.

2. 주요 내용

• 노인에 대한 복지는 많지만, 어린이 청소년을 위한 체육과 복지 시설이나 교육 시설이 부족하다. 즉 스트레스 해소 공간이나 서점과 같은 학업에 필요한 곳이 없기 때문에, 어린이 청소년을 위한 공간이 필요하다.

• 어린이 청소년들이 동구를 안전하고 편안하며, 자유롭게 돌아다닐 수 있어야 하는데, 동구는 길이 험하고, 복잡하며, 가로등이 부족하고, 차도와 인도가 구별되지 않아서 사람들에게 위험하다.

• 동구에는 좋고 큰 시장이 있지만, 물건을 사려면 카드가 아닌 현금을 사용해야 하기에 동구 주민이나 타 지역 사람들에게 불편하다. 카드결제, QR코드 결제, 계좌이체 등등을 통한 구매방법이 필요하다.

• 비어있는 집이나 공간을 활용하여, 동구의 특색을 살린 문화공
간이나 교육공간으로 활용할 필요가 있다.

• 동구에 좋은 관광명소가 있지만 홍보가 부족하여 사람들이 잘
알지 못하기 때문에 홍보가 필요하다.

• 연령별 직종별 시설이 많다면, 유동인구가 많아져서 활기찬 동구
가 될 것이다. 예컨대, 일반 학원, 특목고 학원, 공무원학원, 요리학원,
연기학원, 뷰티학원, 체육관, 소극장 등등과 같은 시설이 필요하다.

3. 최종 제안

• 안전하게 다닐 수 있도록 동구의 가로등, 주차장, 인도의 확충
이 필요하다.

• 지역주민이나 관광객이 전통시장에서 사용할 수 있는 스마트 결
제가 필요하다.

• 빈 공간을 활용하여 청소년 문화 휴식 공간으로 만들자.

• 진로 진학 취업 상담 박람회, 동구의 수학 과학 경진대회를 만
들자.

• 문화 교육을 위한 SNS 홍보 계정을 만들어서 활성화하자.

제안자 : 어린이 청소년 의회 고등부 분과

이름(학교) : 옥도경(경남여자고등학교), 오한슬(경남여자고등학교)

　　　　　　류영준(금성고등학교), 이준서(금성고등학교), 전희철(부산고등학교)

　　　　　　임임마누엘(경남여자고등학교)

지도교사 : 하동윤(인제대학교 외래교수/한국과학영재학교 강사)

5. 동구어린이·청소년의회 정책발표회 제안사항

1. 건의자 : 중학교 3학년 분과
①건의 내용 : 동구에 청소년문화의집 신설 요청
②부서 답변
■ 부서 추진 중
 - 우리 구에서는 폐교(좌천초)를 활용한 복합문화교육플랫폼 조성 진행 중(아동·청소년 문화교육시설, 예술공방 등)
 - 다행복교육지원센터, 청소년상담복지센터, 청소년참여위원회, 어린이·청소년의회 등 청소년시설 및 수련활동을 확대하여 청소년들의 잠재력과 창의력을 계발할 수 있도록 노력하겠음.

2. 건의자 : 초등학교 6학년 분과
①건의 내용 : 쓰레기 재활용 시 지역화폐 인센티브 지급제도 가능여부 문의
②부서 답변
■ 부서 추진 중
 - 지역화폐 인센티브 지급제도 자체는 자원 순환과의 요청이 있을 경우 가능
■ 부서 처리 불가
 - 우리 구에서는 「부산광역시 동구 폐기물 감량과 재활용 촉진에 관한 조례」에 의거 지정된 재활용 민간단체만을 대상으로 재활용 수집 장려금을 지급하고 있으며, 일반 주민 개개인들의 재활용품 분리

배출 및 수거율 제고를 위해서는 폐종이팩, 폐건전지를 휴지 및 새건전지로 교환하는 사업을 시행 중임. 2020년부터는 아이스팩과 1회용 플라스틱컵 재사용·재활용률 제고를 위해 종량제 쓰레기봉투로 교환해주는 사업을 시행할 계획임.

– 따라서 재활용률이 낮거나 재사용이 어려우며 분리배출이 제대로 되지 않고 혼합배출되어 환경오염 문제를 야기하는 일부 품목에 대해서만 인센티브제도를 이미 시행하고 있고 재활용 수집장려금 등 현금성 지급은 조례에 의거 지정된 재활용 민간단체에만 지급이 가능하므로 일반 주민들을 대상으로 한 전체 재활용품에 대한 인센티브제도 시행 및 지역화폐 지급은 어려움.

3. 건의자 : 초등학교 6학년 분과

①건의 내용 : 동구에 청소년 놀이시설 및 놀이공간(길) 등을 확충 요청

②부서 답변

■부서 추진 중

– 우리 구의 골목과 숲을 활용한 놀이 혁신 선도사업 '이바구놀이터'를 운영 중이나 코로나19로 운영방식이 비대면으로 변경되었음.

– 또한, 골목길 재생사업으로 '아동 놀이공간 조성로' 검토 중이며, IT 놀이터 · VR 스포츠실 등 다양한 놀이 콘텐츠 및 신개념 놀이공간 계획 중임.

– 앞으로도 많은 청소년들의 놀이공간이 확충될 수 있도록 더욱 노력하겠음.

4. 건의자 : **고등부 분과**

①건의 내용 : 동구만의 수학과학 경진대회 및 진로진학 취업   상담 박람회 신설 요청

②부서 답변

■ 부서 추진중

– 2021년 관내 진로박람회 개최 시 진학 부스(대학교학과부스) 및 취업상담(면접 등 상담 컨설팅) 부스 신설 가능

– 수학 과학 경진대회는 검토 후 조치

5. 건의자 : **고등부 분과**

①건의 내용 : 동구 내 전통시장 스마트 결제 활성화

②부서 답변

■ 부서 추진 중

– 전통시장의 경우 시장 상인들의 연령대가 높고 사업자등록증이 없어 카드결제도 힘든 경우가 많음.

– 스마트 기술 도입을 위해서는 시장상인들의   단합과 주도적 의지가 중요하며, 중소벤처기   업부 공모사업 지원을 독려토록 하겠음.

6. 건의자 : **초등학교 5학년 · 중학교 1학년 분과**

①건의 내용 : 범곡로 28번길 일대, 범곡북로 3번길 일대, 망양로886번길 일대, 아름빌아파트 부근 가로등 및 CCTV 설치 요청

②부서 답변

■ 부서 추진 중

위치도 1 - 망양로886번길 일대

위치도 1 - 망양로886번길 일대

위치도 1 - 망양로886번길 일대

− 가로등 설치 요청 지역의 도로조명시설에 대해 현장조사 후 신규 설치 및 개선 가능 여부를 적극 검토하여 조치하도록 하겠음.

7. 건의자 : 청소년참여위원회

①건의 내용 : 청소년 대상 모의선거 개최 요청

②부서 답변

■부서 처리 불가

− 선관위에서 선거권이 없는 학생을 대상으로 모의투표를 실시하는 것은 공직선거법에 위반될 수 있어 불허(2020. 2.)하여 불가능.

8. 건의자 : 청소년참여위원회

①건의 내용 : 청소년에서 학교로, 학교에서 지자체로 지역 내 현안 제도 쌍방향 소통창구 신설 요청

②부서 답변

■부서 추진완료

– 공교육 정상화와 학교 혁신을 위해 동구는 2018년부터 구청-교육지원청-학교-지역사회가 함께 협력하는 다행복교육사업을 추진하고 있으며, 특히 「다행복교육지원센터」를 운영하며 학교·학생·교사와 구청·지역사회를 유기적으로 연결하며 지역 내 현안에 대한 학생(청소년)의 쌍방향 소통창구로의 역할을 해오고 있음.

– 앞으로도 많은 청소년들이 지역사회문제에 대해 함께 참여하고 소통할 수 있도록 더욱 노력하겠음.

5. 동구 어린이 청소년 축제를 위한 제안

어린이·청소년의 꿈과 희망을 위한 축제를 열자

1. 목적

• 어린이·청소년의 지역 참여 활성화와 실현을 통해 어린이 청소년이 만들어나가는 동구의 모델과 비전 제시.

• 제시한 의제를 직접 실현해보면서 어린이 청소년의 지역 참여 민주주의를 실험하고 실현함.

2. 의의

• 어린이 · 청소년을 위한 공간의 부재 또는 부족 및 그에 따른 콘텐츠 부재 문제를 극복.

• 이상의 문제를 극복할 수 있는 현실적인 공간 요구와 지역에 기반을 둔 어린이 청소년의 다양한 실험과 시도의 장이 필요.

• 초등학교였던 좌천초의 전통(장소의 역사성과 정체성)을 계승하면서 어린이 청소년을 위한 새로운 공간으로 재활용하여 어린이 청소년 중심의 도시 재생의 기초 마련

• 어린이 청소년을 위한 새로운 공간이지만, 다양한 세대의 참여를 유도함으로써, 세대를 아우르는 사회통합의 공간이자 모델로 자리매김.

• 동구 다행복지구 3년간의 성과를 다른 지역이 벤치마킹할 수 있는 모델로 삼을 수 있는 상징적 공간으로 활용.

3. 기대 효과

• 동구의 어린이, 청소년들이 자신의 꿈을 주도적으로 찾는 경험을 하고, 그러한 경험을 할 수 있는 안정적인 장소를 활용할 수 있음.

• 어린이 · 청소년 축제의 터, 주민들의 쉼터로 폐교된 좌천초 건물을 재활용하는 해결책을 제시, 아울러 도시 재생의 기초로 활용.

• 어린이 · 청소년의 지역 참여를 통해 민주적 시민의 위상을 일찍부터 정립하고 자신의 역량을 직접 발휘할 수 있는 현실적이고 지속 가능한 기회 제공.

4. 이번 의회만의 독특성

• 이번 의회는 지난 2년 간 제안했던 의제의 내용을 실제로 실천해보는 것을 중심으로 진행하였음.

• 의회가 제안한 것이 구체적으로 실현될 수 있도록 제안의 내용이 현실적임.

• 이번에 제안한 내용이 동구에서 실현될 수 있도록 기관과 시민 그리고 어린이와 청소년들이 적극 참여해주시길 권하는 내용으로 의제가 구성됨.

5. 내용

①행사 제목 : FPP(Future(미래)·Present(현재)·Past(과거))페스티벌

②행사 일정 : 총 3일간 진행

③행사 장소 : 좌천초등학교(부산시 동구 증산서로 18) 건물과 운동장, 온라인(ex. 유튜브)

④참여대상

• 부산 동구 어린이·청소년

• 축제에 오고 싶은 부산 어린이·청소년

• 축제에 오고 싶은 어른

⑤행사 내용 : '꿈·만들기·놀기'를 주제로 3일간 진행. 주제별 행사와 상설 행사로 구성(〈표1〉 참고)

첫째 날	둘째 날	셋째 날	상설 진행
과거, 함께 놀아보자	현재, 만들어보자	미래, 꿈 찾아보자	
의상 체험	재활용품 만들기	진로 체험 -꿈을 찾아가는 동구 청소년 초대	먹거리 부스(분식)
당구마켓(당근동구마켓) 시대별 상점(수익금 기부)	만들기-과자집. 무드 등	직업인 초대 -동구에 일터가 있는 사람 초대	인생네컷. 포토존
운동회-이어달리기. 장애물 달리기 등	캘리그라피 체험	퍼스널컬러 체험	동전노래방
교실 탈출 게임	네일아트 체험	공연(연극. 뮤지컬 등) -부산 청소년 동아리	타로
잔디썰매	페이스페인팅 체험		작은 도서관
방방이(트램폴린)	나의 정원 만들기 체험	전시(그림. 영상 등) -부산 청소년 동아리	스탬프 투어
오징어게임 -고무줄뛰기. 달고나 e스포츠 게임 스피드 게임. 중계	우리가 만드는 좌천초 퍼즐(직접 꾸미고 함께 완성하는 퍼즐)	사진 대회 -내가 찍은 동구 모습	쓰레기 코인 -쓰레기를 모으면 당구마켓 코인 획득
도전 동구 골든벨	나 닮은 액자 만들기	동구 학교 홍보 부스	
주요사항			
1. 환경 피해 줄이기 2. 동구 어린이·청소년 함께하기			

6. 분과별 활동

1) 기획팀 : 축제 기획은 꿈을 찾는 기획이다.

①축제 사전 준비 – 축제 제목, 진행 내용, 참여 대상 정하기

• 초대하고 싶은 인사, 기관, 단체 등 명단 구성 : 동구 초 · 중 · 고 교장, 동구청장, 동구의회 의장 및 의원, 남부 교육청장, 동구 내 주요기관장 및 시민단체 활동가 외 다수

– 축제 진행 인력 구성 : 운영위, 진행팀, 자문단 등

• 인력 및 공간 섭외 방법 고민 : 부산문화관광축제조직위원회, 부산 동구 어린이 · 청소년, 학부모 등

②축제 진행

– 축제 자문 연락망 정리

– 운영팀 보조하여 축제 진행

– 축제 설문조사 부스 기획, 운영(3–5가지 질문으로 간단한 설문 구성) : 설문 내용　1. 축제가 재밌었나요?

2. 축제 프로그램에 대한 의견

3. 다음에도 오고 싶나요?

4. 축제를 꾸리는 사람들에게 바라는 점

③축제 마무리

– 평가회 기획(자체 / 외부), 섭외 명단 구성

– 내년 축제 기획(주제 선정)

– 올해 축제 보완, 좌천초의 중·장기적 활용에 대한 구체적인 논의

제안자 : 김민주, 이보민, 전우성, 정보배, 정희헌, 지민경

지도교사 : 성승은(민주시민교육원 나락한알 국장)

2) 운영팀 : 어린이 청소년이 중심이 되는 운영을 하자.

①축제 준비 – 운영 원칙과 운영체계 구축 : 5개의 부서로 나누어 관리/ 각 부서별 유니폼 착용/ 홍보팀과 기획팀은 깐부팀과 상호 협력

〈 5개 부서 분류 〉

1. SI(safe information, 안전 정보)팀(5~7명)

2. 깐부팀(부스별 관리자 1명 이상)

3. EM(emergency medical, 응급 의료)팀

4. 분반(분위기 반전)팀

5. 문어팀발팀(연락과 정보 체계구축)

〈 팀별 준비 〉

– 문어발팀 : 비상연락체계 구축: 119, 112 등 협력업체와 접촉

– 깐부팀 : 개별 부스 제작과 부스별 활동과, 이름 정하기

– EM팀 : 안전수칙 준비 및 확정, 응급 도구 준비, 축제 예행연습 및 비상대피훈련

– 팀 전체 : 운영 점검 및, 운영 준비물 구비, 외부 업체 선정

②축제 진행

– 깐부팀: 행사 진행 및 운영요원 배치(혼잡 관리, 부스별 운영 및 부스 간 운영 관리, 참여 인력의 원활하고 체계적인 순환 관리 등) 행사 안전 요원 배치

– EM팀 : 다친 사람 치료, 119와 연락

– 분반팀 : 분위기 관리(흥을 관리함. 흥이 많은 사람이 분반팀에 합류), 음향 관리(외부의 업체와 협력하여 스피커, 마이크 등 시설 점검 및 관리), 즉흥 행사 관리(갑자기 춤을 춘다든지, 노래를 부른다든지, 참여자들과 다양하게 어울리는 즉흥 기획)

– 문어발팀 : 중앙통제를 통하여 각 부서에 실시간 정보 제공

– 각 운영에 맞는 옷, 완장, 모자, 무전기, 구급약, 마이크, 확성

기 등 배치와 점검

　　– SI팀 : 발열체크, 전화, 방명록 작성(정문 2명 배치), 안전체크(4명 정도), 설문조사–QR코드–스티커 투표(2명 배치)

　　③축제 마무리

　　– 뒷정리

　　– 자체 평가회(운영, 안전, 체계 등)

　　– SI팀: 설문조사(후기) 분석

　　– SI팀 분석에 근거하여 기획, 운영, 홍보 팀 간의 상호작용의 효율성과 원활함에 대한 평가

제안자 : 박태민, 문하영, 오현진, 이소연1, 이소연2.

지도교사 : 강민수(민주시민교육원 나락한알 운영위원 및 전임 강사)

3) 홍보팀 : 홍보는 축제의 시작과 끝이다.

　　축제 전 홍보물(최소 2달 전까지 완성)

　　①홍보 영상

　　• 영상 촬영

　　– 행정을 알려주는 사람, 모든 상황을 통제하는 컨트롤러, 카메라맨(약 2,3명): 여러 각도에서 촬영하기 위함, 편집자, 사회자

　　• 영상 내용 – 잡상인, 술, 담배 금지, 체험부스, 날짜와 시간 등

　　②포스터 제작(영상 제작과 함께)

　　붙일 장소 : 학교, 학원, 문구점, 편의점, 아동돌봄센터, 복지관,

노인정, 아파트 엘리베이터 등

　－ 각 기관에 공문을 발송하고 포스터를 약 한달 동안 배포.

③플래카드

붙일 장소 : 동구 지정 게시판, 아파트 게시판 등

축제 중

- 축제 장면을 드론으로 촬영(드론을 잘 날리는 사람/드론을 섭외함)
- 위험한 상황을 대비해 119와 112 등의 연락체계를 각 부스와 참여자에게 제공
- 홍보하는 사람들 : 길을 알려주거나 주차시설 등의 위치를 설명
　－ 동구 마스코트가 그려진 옷을 입고 모자를 쓰거나 완장을 참.
　－ 무전기나 인이어(in ear)로 상황을 공유
- 축제 규칙 － 술, 담배 금지, 잡상인 금지
- 축제 퇴장 시 가장 인기 있는/없는 체험, 다음에 축제를 한다면 다시 참여할 의향이 있는지 인기투표 또는 설문지 작성

축제 후

- 뒷정리 : 길의 화살표/포스터, 수거
- 홍보팀 활동에 대한 자체 점검회의

제안자 : 김근아, 김아영, 이명준, 이하은, 배선영

지도교사 : 정우경(민주시민교육원 나락한알 운영위원 및 전임 강사)

6. 정책 제안서 – 어린이 청소년이 동구에 제안합니다.

1) 핵심 제안
• 동구는 좌천초를 어린이·청소년들이 만들어가는 창의 공간이 될 수 있도록 제공하여야 한다.(동구는 좌천초를 어린이·청소년을 위한 꿈공장DF: dream factory으로 만들 것.)[1]

• 동구는 기획, 운영과 관리, 홍보와 섭외 세 팀으로 진행될 수 있도록 적절한 재정적–제도적–행정적 환경을 제공하여야 한다.

2) 기본 제안
• 동구에 어린이·청소년을 위한 다양한 공간을 제공하고, 어린이·청소년이 이 공간을 지속가능하게 운영할 수 있는 주체가 될 수 있도록 하여야 한다. 이를 위해 동구 어린이·청소년 조례 및 어린이·청소년 문화 조례를 제정해야 한다.

• 정식으로 동구 어린이·청소년을 위한 창의 위원회 및 축제 조직 위원회를 구성해야 한다.

• 동구 어린이·청소년을 위한 on-off line 홍보 및 콘텐츠 플랫폼을 조성해야 한다.

• 어린이·청소년을 위한 동구 창의 공간을 조성해야 한다.

전체 지도 : 김동규(민주시민교육원 나락한알 원장)

---

1. 성인들의 think tank에 대비되는 개념으로 꿈공장(dream factory)은 어린이·청소년이 상상하는 것을 현실화할 수 있는 조직을 말함.

아젠다 메이커스
너와 나의 만찬 보드 게임

놀며 배우는 사람의 터는 나락한알의 설립정신입니다.

민주시민교육의 접근성을 높이기 위해 민주시민교육원 나락한알은 두 개의 보드게임을 개발하였습니다.

〈아젠다 메이커스〉는 2020년 1년동안 개발해서 2021년에 출시된 보드게임입니다. 우리 모두가 마을의 주인이 되어 마을을 행복하게 만들어보는 참여 민주주의 방식을 활용한 보드게임입니다.

〈너와 나의 만찬〉은 2021년 1년 동안 개발해서 막 출시된 따끈따끈한 보드게임입니다. 차이와 다양성을 이해하고, 차이와 다양성과 공존하기 위해 만든 보드게임입니다. 타인을 위한 음식을 대접하는 푸드 테라피 방식의 보드게임으로, 너와 내가 차이와 다양성의 만찬을 즐기는 동안 혐오의 문화를 벗어날 수 있는 경험을 하실 수 있을 겁니다.

약간의 후원비를 내시면, 보드게임을 받아보실 수 있습니다. 보드게임 구입비는 연말에 기부금으로 세금 혜택을 받으실 수 있습니다. 구입에 관심이 있으시다면,

051-463-2240 또는 minjuedu@daum.net으로, www.narak.kr으로 연락주시기 바랍니다.

놀며 배우는 시민의 터
민주시민교육원 나락한알

부산시 동구 중앙대로 267(초량동) 신동빌딩 403호
T. 051)463-2240 http://www.narak.kr

시민의제사전 2022

2022년 12월 09일 펴냄

편저 ㅣ 민주시민교육원 **나락한알**
펴낸이 ㅣ **박윤희**
펴낸곳 ㅣ 도서출판 **소요-You**
디자인 ㅣ **박윤희**
등록 ㅣ 2013년 11월 12일(제2013-000009호)
주소 ㅣ 부산시 중구 대청로137번길 11
전화 ㅣ 070-7716-9249
팩스 ㅣ 0505-115-5618
전자우편 ㅣ pyh5619@naver.com

ⓒ 2022, 나락한알
ISBN 979-11-88886-16-6
값 15,000원